SE PARLER AVEC AMOUR

Transformer son discours intérieur

Par Maryse Cardin

Traduit de l'anglais par Mégane Desrosiers.

Couverture du livre par Avital David.

ISBN: 978-1-7751141-2-3

Vous voulez en savoir davantage sur *Se parler avec amour?* Voulez-vous découvrir des outils pour adopter un monologue intérieur tendre, aimant et respectueux? Visitez www.selftalklove.com ou www.facebook.com/selftalklove

Pour Robert et Éloise

Je vous aime fort

Et

pour Hoben

Pour m'avoir appris encore et encore, avec gentillesse,

à m'asseoir tranquillement avec moi-même.

Ce que les lecteurs disent:

J'ai eu l'occasion et l'honneur de lire un exemplaire, l'aperçu du nouveau livre de Maryse Cardin: Se parler avec amour : *Transformer son discours intérieur.*

Ce livre est une carte de route vers un style de vie pigmenté de compassion, d'amour et d'entretien de soi. Beaucoup d'entre nous avons consacré une majeure partie de notre vie à en aider et à en soutenir d'autres. Penser à la façon dont on se parle à soi-même peut paraître comme un concept abstrait, cela ne lui enlève pas pour autant sa grande importance.

Certains n'ont même pas conscience de l'impact qu'un monologue intérieur négatif peut avoir sur leurs vies. Pour ceux qui se sont ouvert les yeux, même à moitié, sur la négativité que les êtres humains ont tendance à mettre au

premier plan, jusqu'à s'y noyer, ce livre leur sera une véritable bouée de sauvetage. Si vous prenez les astuces et les chemins présents dans ce livre à cœur et que vous mettez en pratique les outils que Maryse suggère à chaque page, votre vie changera pour le mieux. -Ruth Atherley

Table des matières

Introduction: La raison pour laquelle j'ai écrit ce livre

Cette vieille fable japonaise m'a été racontée par mon enseignant de bouddhisme zen, Hoben:

Un homme marchait sur une route de campagne au Japon. Loin devant, il aperçut son ami, Yusuke, à dos de cheval. Au fur et à mesure que Yusuke s'approchait de l'homme, il devenait évident qu'il était hors de contrôle. Il ne tenait pas les rênes, ses pieds n'étaient pas dans les étriers et son corps balançait selon le galop de la bête.

« Où vas-tu donc ainsi?» cria l'homme à son ami.

Yusuke rétorqua, « Je n'en ai aucune idée, demande plutôt au cheval.»

Mon discours intérieur a déjà été comparable à la promenade à cheval de Yusuke. Il était hors de mon contrôle. Je n'étais que le contenant de toutes les conversations, peu importe leurs sujets, que mon esprit décidait d'avoir avec moi ce jour-là. Ma promenade pouvait être sauvage, désagréable et même parfois, carrément cruelle.

Comme Yusuke, j'ignorais que tout ce que j'avais à faire, c'était de m'agripper aux rênes et de mettre mes pieds dans les étriers pour avoir une route moins chaotique - une que je contrôlerais, et ce, indépendamment du tempérament du cheval.

Se parler avec amour est une compétence qui s'apprend. C'est un choix que tu peux faire. Tu peux choisir de ralentir la cadence de ta vie à ta guise et de transformer ton discours intérieur.

Utilises-tu des mots aimants qui rendent justice à ton importance ou utilises-tu des mots qui te rabattent au sol, te vidant de toutes bonnes choses en aspirant ton amour comme une fuite dans la chambre à air d'un pneu?

LE MONOLOGUE INTÉRIEUR EST UN CHOIX

Un discours intérieur aimant est en soi une pratique. Au départ, il peut sembler forcé parce qu'il n'est pas le premier choix de beaucoup d'entre nous quand vient le temps de se parler à soi-même. Depuis notre enfance, nous avons probablement interné plusieurs voix qui nous critiquent, nous intimident, nous découragent ou nous disent que notre place dans le monde est inutile si nous ne sommes pas parfaits - comme si la perfection était accessible. Nous nous sommes fait dire que nous sommes mauvais, difficiles à aimer, idiots ou simplement pas assez bons comme nous sommes. Au premier essai, se parler avec amour peut aller à l'encontre de toutes ces voix que nous entendons chuchoter à notre oreille depuis si longtemps. Cependant, c'est en appliquant le processus que cela deviendra plus facile jusqu'en devenir une manière naturelle de se parler.

Ma plus grande intention avec ce livre est celle de t'ouvrir une porte, ne serait-ce que l'entrouvrir, sur une vie où tu te parlerais avec amour; sur une vie dont le chemin sera pavé d'un discours intérieur positif.

Être en mesure de s'aimer soi-même et de se comprendre est non seulement un avantage personnel, mais cela permet d'entretenir des relations aimantes également avec les gens qui nous entourent. Ce changement intérieur commence avec nous-mêmes, mais il peut se répandre avec nos proches, avec les personnes que nous côtoyons, avec le monde entier.

COMMENT TOUT A COMMENCÉ POUR MOI

Avant, j'ignorais que je pouvais décider de la manière dont je me parlais. J'ignorais que c'était à moi de choisir la compassion, la gentillesse et la compréhension dont j'avais besoin dans ma vie en m'octroyant le pouvoir de me les offrir. De la même manière que je choisis de parler aux autres, je peux aussi choisir la manière dont je vais me respecter, m'aimer et m'accepter à l'aide de mes mots.

Un matin, je me suis réveillée dans mon appartement et je me suis laissé aller. J'étais sortie le soir d'avant dans un souper arrosé, ou j'avais bu quelques verres de vin puis j'étais rentrée tard. Rien qui ne se fasse dans la démesure, mais encore là, mes voix négatives se bousculaient furieusement dans ma tête. *Comment as-tu pu faire cela? Qu'est-ce qui cloche chez toi? Regarde-toi, tu es si fatiguée. La journée entière est à l'eau. Tu ne fais jamais rien de bon. Je ne te fais pas confiance.*

Cette voix ne m'était pas étrangère, je l'avais entendue plusieurs fois, mais la seule différence, c'est que ce matin-là, je me suis rendu compte des mots que je me faisais subir, de la façon dont je me méprisais constamment. Cette voix était si cruelle, pleine de jugement et de critiques. Si quelqu'un m'avait parlé ainsi immédiatement après avoir ouvert mes yeux, je lui aurais ordonné de se taire ou de partir.

Pour la première fois, j'ai décidé de me protéger contre ce genre de discours. Je me suis dit d'arrêter, je me suis dit que cette voix n'avait pas le droit de me parler ainsi. Incroyablement, elle cessa de me faire du mal. C'était aussi la première fois que je me rendais compte de la méchanceté que je pouvais générer envers moi-même et de la diversité des voix qui me parlaient à l'intérieur.

Chose encore plus importante, je me suis rendu compte que je pouvais avoir le contrôle sur ce qu'elles me disaient.

LE MONOLOGUE INTÉRIEUR; UNE PASSERELLE VERS L'AMOUR DE SOI

Apprendre à avoir un monologue intérieur, c'était d'apprendre à m'aimer. Comme plusieurs, j'avais souvent entendu parler de l'amour de soi, mais ce concept demeurait tout de même abstrait. Je ne savais pas vraiment ce que ça voulait vraiment dire ni comment l'appliquer dans ma vie. Cependant, la communication était quelque chose que je comprenais. Ma carrière entière a toujours porté sur la communication : l'étudier, l'exercer, l'écrire, en faire des recherches et l'enseigner dans des universités. Le monologue intérieur est devenu, pour moi, une passerelle vers l'amour de soi parce que je comprenais à quel point la communication a le pouvoir de changer la donne.

En me parlant davantage avec gentillesse et compassion et en choisissant de m'écouter, j'ai commencé à me sentir plus aimante envers moi-même. Ma relation a commencé à se transformer. Je me faisais plus confiance. J'ai perdu l'intérêt de me pousser sans relâche aux limites de la perfection et j'étais plus entrain à m'accompagner dans n'importe quoi, à travers n'importe quoi.

Ce processus fonctionne de la même manière que lorsque je bâtis une nouvelle amitié avec quelqu'un. Ses fondements sont l'écoute de l'autre, la gentillesse et la compassion.

CHACUN DES CHAPITRES; UNE PASSERELLE VERS L'AMOUR DE SOI

Chacun des chapitres explore des sujets qui vont t'amener à te parler avec amour. Chacun a le rôle d'une passerelle vers l'amour de soi. Je t'invite donc à prendre du temps pour lire les chapitres qui t'intéressent. Tu peux prendre le temps de les lire tous comme tu peux n'en choisir qu'un ou deux. Ici, tu pourras commencer à explorer ton propre cœur et comprendre ce que veut dire se parler avec amour.

J'ai organisé les chapitres selon ma propre discrétion, mais je t'encourage à suivre la tienne. Saute de chapitre en chapitre selon tes intérêts. Parce qu'après tout, ceci est ton aventure personnelle.

Merci de me consacrer ton temps.

Avec tous mes vœux d'amour et de bonheur,

Maryse

Chapitre 1

Il n'y a que l'amour, juste l'amour, simplement l'amour

Ou choisir des mots d'amour et de compassion

Notre intention commune dans le premier chapitre sera de choisir des mots d'amour et de compassion dans notre discours intérieur. En prenant le temps de lire ce chapitre, tu es sur le bon chemin, celui de te parler avec amour.

Se lancer dans un discours intérieur aimant et rempli de compassion, c'est aussi te faire cadeau de mots qui démontre que tu t'occupes de toi-même, des mots de compréhension, d'empathie et de tendresse. Te faire parler avec amour et compassion, c'est un de tes droits parmi tant d'autres, peu importe qui tu es, ce que tu as fait ou ce qui t'es arrivé. Plus ton discours intérieur te parle avec cruauté, jugement et négativité, plus ton besoin d'amour et de compassion s'agrandit. Et merveilleusement, tu as le pouvoir de t'en offrir grâce à la façon dont tu te parles.

MON HISTOIRE: J'AI CHOISI LA VOIE DU DISCOURS INTÉRIEUR AIMANT

Dans la ville dans laquelle je vis, il y a un magnifique labyrinthe que je visite dès que j'en ai la chance. Quand j'emprunte ses dédales et ses passages, je peux prendre du temps pour moi pour penser, pour méditer et pour prier.

Récemment, je m'y suis promenée avec des amis, et je me suis sentie extrêmement reconnaissante envers ceux qui avaient construit cet espace. Il est silencieux et paisible, comme un petit coin de paradis perdu au milieu d'une ville. Je peux toujours y trouver ma place, remettre mes idées en place, me reconnecter avec le monde et surtout, y trouver un peu de réconfort, de gratitude, de sérénité et de joie. Les voix négatives s'envolent alors, et je peux enfin entendre une voix aimante. Je peux me préoccuper de moi, et de ressentir une grande compassion pour mes erreurs, de mes souffrances et de mes confusions.

Il fut un temps où je ne pouvais ressentir ce genre de paix que lorsque j'étais dans le labyrinthe ou dans un centre de retraite. Cependant, récemment, alors que j'ai commencé à entreprendre un discours intérieur positif, je peux trouver, à l'intérieur de moi, une place semblable au labyrinthe, un abri sûr.

Même si je me trouve dans l'œil du cyclone et que les évènements de la vie ne sont que de grandes vagues puissantes qui pourraient m'emporter au large, je peux me réfugier dans cet abri sûr. Je peux entrer en contact avec les sphères de ma pensée qui sont calmes, compréhensives, aimantes et indulgentes. Mon discours intérieur m'en est d'une grande aide, tout comme mes séances de méditation. Avant, je m'accrochais à n'importe quoi que je jugeais assez fort pour garder ma tête hors de l'eau. Maintenant, mon abri sûr est dans mon cœur, dans mon âme et dans chaque crevasse de mon corps. Mon discours intérieur doit me faire sentir en sécurité, et que je suis aimée et acceptée. Je me parle avec plus d'amour et de compassion, et l'impact que cette positivité a dans ma vie est énorme. Je suis plus sereine, plus tolérante envers moi-même et les autres et je me sens plus joyeuse.

J'ai choisi de me parler avec amour et compassion, et si je fais fausse route ou si je fais marche arrière, je suis plus indulgente envers moi-même. Je comprends davantage la femme qui a encore perdu de vue la route, pour finalement retrouver le bon chemin. Je le retrouve toujours, encore et encore. Il y a toujours une façon de regagner le bon chemin, et je peux toujours le recommencer en choisissant de me parler avec amour et compassion.

MON DISCOURS INTÉRIEUR

- Je choisis de me parler avec amour.

- Je suis en sécurité ici avec moi.

- Je t'aime. Je t'aime. Je t'aime.

- Je serai toujours là pour toi.

- Tu es importante pour moi.

EXPLORE: CHOISIS DES MOTS D'AMOUR

Écris-toi une lettre d'amour. Tu peux utiliser de courtes phrases ou quelques mots. Écris sur ce que tu aimes en toi. Écris sur ce qui te rend fier de toi. Dis-toi à quel point tu mérites d'être aimé, autant par toi-même que par les autres. Si tu as de la difficulté, imagine ce que tu écrirais à quelqu'un que tu aimes puis écris les mêmes mots pour toi. Commence avec *cher* et termine avec *je t'aime.* Signe ta lettre d'amour et lis-là.

Voici la mienne, pour un peu d'inspiration:

Chère Maryse,

- Tu es compatissante.

- Je t'aime pour ta gentillesse.

- Je t'aime pour prendre soin de moi.

- J'aime ton sens de l'humour.

- Je t'aime parce que tu essaies de faire ce qu'il faut.

- J'aime la façon dont tu vois ce qui est beau dans les gens qui t'entourent.

- Tu es courageuse et tu te protèges autant toi-même que tu le ferais pour ta famille.

Je t'aime,

Maryse

Va de l'avant et tente le coup! Ça peut sembler un peu étrange de t'écrire des mots d'amour, mais une partie de toi sera soulagée de les lire.

PAROLES BRILLANTES

« Être magnifique c'est rester toi-même. Tu n'as pas besoin de l'approbation des autres. Tu n'as besoin que de la tienne.» ~Thich Nhat Hanh

UNE HISTOIRE QUI M'INSPIRE

Maggie Howell   «C'est correct d'aimer qui je suis et d'aimer ma vie.»

Quand Maggie Howell était une jeune fille, sa mère lui a dit : «Ça me surprend que tu aies des amis avec ce comportement.» Cette phrase lui resta dans la tête et la suivit pendant des années. Pour une majeure partie de sa vie d'adulte, son monologue intérieur était négatif et mettait l'emphase sur le contrôle de ses actions pour que les autres l'apprécient. Elle ne s'est jamais sentie bien à sa place. Puis, un jour, dans sa jeune trentaine, elle s'est rendu compte que la manière dont elle se parlait était ridicule.

Elle s'est dit: «Je suis une bonne personne, quel est le but de continuer à me parler ainsi?» Maggie explique : «Il était une décision que j'ai consciemment prise ce jour-là et depuis, je me parle de façon différente. Je suis même rendue au point où, si j'accomplis quelque chose de bien, je peux me dire *tu es extraordinaire.»*

Elle ajoute «L'une des techniques de discours intérieur que j'utilise est de me rappeler que cette vie, je l'ai créée. Elle existe grâce à moi. Mes décisions l'ont modelée. Elle est à moi. Cela me fait prendre conscience que je progresse et que je fais les bons choix; que c'est correct d'aimer qui je suis et d'aimer ma vie. Ça marche plutôt bien quand je vis une mauvaise journée ou quand je pense que je ne suis pas en train de faire ce que je devrais.»

Lorsque Maggie Howell était enceinte de son premier enfant (elle a maintenant cinq garçons!), elle a développé son discours intérieur en étudiant l'autohypnose pour la gestion de la douleur et de la relaxation en vue d'un accouchement. Elle a découvert l'importance de son discours intérieur et ce qu'elle pouvait accomplir en se concentrant sur les mots qu'elle utilisait pour se parler. Émerveillée par les résultats, elle créa son propre programme d'hypnothérapie. Maintenant, Maggie est une grande influence dans le domaine du discours intérieur positif et dans la transformation de pensées en fertilité et en accouchements. Elle a fondé *Natal Hypnotherapy* et a aidé plus de 100 000 femmes avec ses cours, ses séances de méditation et ses vidéos. Son approche est également très utilisée dans les techniques générales de gestion du stress.

Maggie croit fortement que nous ne sommes pas des esclaves de notre monologue intérieur. «Simplement parce que ton discours intérieur a été d'une telle façon durant tant d'années, ça ne veut pas dire qu'il ne peut pas changer. Lorsque tu prends connaissance du pouvoir de

celui-ci et que tu te munis des outils pour le changer, tout

devient plus facile.»

MON HISTOIRE: LE NAVIRE-MÈRE ET TROUVER LA LUMIÈRE DANS LA NOIRCEUR

La plupart du temps, quand j'écris sur un sujet, la vie m'invite à en explorer le recoins et à guérir ce qui doit être guéri. Un jour, je commençai à écrire sur le concept d'accepter chaque partie de moi; celles que j'aimais et celles dont je pourrais me passer. Ce même jour, j'ai complètement pété un plomb contre une autre mère de la maternelle de ma fille quand j'appris que son fils avait frappé ma fille. J'ai passé les jours d'après honteuse de ne pas avoir pu contrôler mes émotions. Ouch. Voilà à quoi je fais référence quand je dis une invitation à explorer le sujet.

Jung surnomme les parties de nous que nous préférons ignorer *les ombres de nous-mêmes.* Elles sont nos caractéristiques que nous gardons profondément cachées.

L'inconvénient est que, lorsqu'elles sont forcées à rester cachées, la trop grande pression accumulée risque de les faire ressurgir à la surface comme un ballon de plage gardé sous l'eau. Je commence à peine à explorer *l'ombre de moi-même.* Il y a des parties de moi, cachées depuis longtemps, que je laisse lentement remonter à la surface. Ainsi, je peux mieux vivre, en harmonie avec elles. Dans la noirceur, je trouve quelques rayons de soleil. Comme Marion Woodman l'a écrit, de bonnes choses peuvent ressortir de la noirceur, comme des racines, des rêves et des nouveau-nés.

Comme ils disent : « Aie confiance.» Cela fait partie de moi : Maryse la bête avec un tempérament explosif celle qui est apparue dans la maternelle. La Maryse anxieuse qui s'emporte si elle pense être en retard. La Maryse qui se sent submergée lorsqu'il y a trop de gens. La Maryse qui contrôle tout et tout le monde et qui rentre dans la vie tête première. La Maryse amusante qui aime boire du vin et danser lors de belles journées. La Maryse qui se fait blesser, se fait décevoir et laisse partir des personnes de sa vie. La Maryse désorganisée qui déteste faire le ménage.

J'essaie de devenir plus en paix avec toutes ces Maryses. Je crois que j'ai à gagner plus de bonheur, de guérison, d'amour et de liberté. Je crois que, en aimant chaque partie de moi, je vais être en mesure de pardonner aux autres et à moi-même plus facilement. Je tente de devenir mon propre navire-mère; d'aimer les parties de moi que je redoute tout comme celles que j'adore.

Une femme a réalisé, durant l'un de mes ateliers, qu'elle ne pouvait s'attendre à ce que son mari aime chacune de ses parties si elle ne pouvait pas faire la même chose pour elle-même. C'est vrai pour chacun d'entre nous.

Comme Docteure Christiane Northrup a écrit:

Peu importe ce que tu ressens, la seule façon de faire partir un sentiment désagréable est simplement de l'accepter et de l'aimer. Si tu te crois stupide, aime ta stupidité. C'est un paradoxe, mais ça fonctionne. Pour guérir, tu te dois d'être la première personne à aimer les parties de toi que tu juges inacceptables.

MON DISCOURS INTÉRIEUR

- Je suis qui je suis et c'est correct.

- Je prends soin de moi-même et je me le fais ressentir.

- Je me donne ce dont j'ai besoin.

- Je suis un navire-mère sécuritaire et aimant pour toutes les parties de moi-même.

- Je peux aimer chaque partie de moi; celles plus sombres et celles plus lumineuses.

EXPLORE: CHOISIS DES MOTS DE COMPASSION

Y a-t-il un aspect de ta vie dans lequel tu es particulièrement difficile envers toi-même? Crois-tu avoir besoin de plus de compassion, de compréhension et de tendresse dans ton discours intérieur? La compassion de soi vise à t'offrir plus de sympathie et de tendresse lorsque tu es dans une situation difficile ou lorsque tu commets des erreurs – peu importe l'erreur ou ce qui l'a causée.

Comprendre la façon dont je me parle m'a toujours été d'une grande aide. Une fois que je sais quels mots j'utilise dans mon discours intérieur, il est plus facile de les transformer.

Voici un exemple. Je me suis emportée avec ma fille et j'en ai eu honte par la suite. Mon discours intérieur est alors devenu très cruel et critique. Les mots suivants sont ceux qui traversaient ma tête:

- Je suis une mauvaise mère.

- Je n'ai pas de contrôle sur moi-même.

- Je ne peux pas me faire confiance.

- Je suis une mauvaise personne.

Lorsque j'ai pris un peu de recul, je me suis rendu compte de ce que je me faisais subir et j'ai décidé de redoubler de compassion dans mon discours intérieur – pour ne pas être parfaite, pour encore être en apprentissage et pour la facilité que j'ai à me critiquer. Voici ce que j'ai choisi de me dire ensuite:

- Je suis désolée de t'avoir parlé ainsi.

- Je fais de mon mieux.

- Je suis une bonne personne.

- L'erreur est humaine. Je serai plus patiente la prochaine fois.

- Je suis une bonne mère.

- Tu n'as pas besoin d'être parfaite pour avoir mon amour. Je t'aime comme tu es.

Maintenant, c'est ton tour. Choisis un aspect de ta vie. Par exemple, ta santé, ton corps, tes relations, ton travail ou tes amis. Écris les choses que tu te dis d'habitude en relation avec cet aspect. Prends le temps d'observer la manière dont tu te parles. Qu'est-ce qui serait différent si tu décidais d'avoir plus de compassion envers toi-même?

Maintenant, raye les mots qui sont négatifs, impitoyables, qui ne t'encouragent pas, qui sont cruels ou simplement faux. Raye-les tous si nécessaire, tu n'en as plus besoin. Maintenant, écris-toi au moins trois messages qui sont compréhensifs et aimants.

PAROLES BRILLANTES

«Utilise un mot de la bonne façon. Utilise un mot pour partager ton amour. Utilise la magie blanche, en commençant avec toi-même. Dis-toi à quel point tu es formidable, à quel point tu es génial ! Montre-toi que tu t'aimes. » ~Don Miguel Ruiz

EN CONCLUSION; UNE DERNIÈRE EXPLORATION

Je t'invite ici à prendre le temps d'écrire ou de dessiner tes impressions de ce chapitre. Qu'est-ce qui t'a inspiré?

Qu'est-ce qui t'a dérangé? Qu'as-tu accepté? Que vas-tu changer dans ton discours intérieur? Peux-tu t'imaginer te parler avec plus d'amour et de compassion?

CHOISIS LE PROCHAIN CHAPITRE DE TON EXPLORATION

Bravo! Tu commences maintenant à utiliser des mots d'amour et de compassion dans ton discours intérieur. Tu peux maintenant choisir de continuer selon le chemin que je te propose et lire le chapitre 2. Ce chapitre te montrera à te parler avec gentillesse, comme un ami le ferait.

C'est ta propre exploration. Tu peux également choisir de passer à un chapitre différent. Va où le bon vent te mène. Fais-toi confiance. Où veux-tu aller?

Chapitre 2

Je suis ton amie

Ou choisir des mots de gentillesse

Notre intention commune dans le deuxième chapitre sera de faire une pause pour choisir des mots de gentillesse.

J'ai le pouvoir de choisir de parler avec gentillesse à mes amis, je peux faire de même avec moi-même aussi. Comme Platon l'a dit : « Sois gentil, car chaque personne, que tu rencontres, a son propre combat. » Ceci t'inclut également.

Pense à la manière dont tu sens important et connecté quand tu rencontres l'un de tes plus chers amis, quand cette personne te sourit, te demande si tu te portes bien en se souciant vraiment de ta réponse. Parler aux autres avec gentillesse leur apporte de la joie, du confort, du calme et de l'acceptation. Ils se sentent connectés et moins seuls dans ce monde. La gentillesse leur donne la force de continuer. Nos amis n'ont pas besoin d'être parfaits pour que nous leur parlions de cette manière. Ils peuvent avoir des problèmes et des angoisses, ils peuvent faire des erreurs et malgré tout, nous allons leur parler avec gentillesse.

Nous voulons nous parler à nous-mêmes ainsi, comme un ami cher le ferait. Tu as le pouvoir de t'apporter du confort, de la joie, de rendre ta vie moins stressante et de te sentir moins seul seulement en te montrant gentil et aimant envers toi-même. Pour le moment, je t'invite à rencontrer ton nouveau meilleur ami, et celui qui te sera le plus cher: toi!

MON HISTOIRE: SOUTIENS-MOI, CE QUE MA COUSINE M'A APPRIS SUR LE DISCOURS INTÉRIEUR AIMANT

Tous ceux qui me connaissent bien savent que j'aime ma cousine Nathalie de tout mon cœur. Son récent mariage fut l'un des moments les plus joyeux de ma vie. Elle est une de mes meilleures amies, et je lui fais totalement confiance, en plus de l'admirer.

Cela ne veut pas dire pour autant que je suis en accord avec chacune de ses décisions. Toutefois, je l'ai toujours soutenue, peu importe les chemins qu'elle choisissait et peu importe ce qui arrivait. J'ai peine à croire que je puisse un jour la laisser tomber ou l'aimer moins.

C'est très clair pour moi que je serai toujours là quand elle aura besoin de moi. Je lui parle d'une telle manière pour que ce soit clair pour elle aussi que je l'aime. Je lui parle avec amour, même quand je suis en désaccord avec elle. Je lui parle avec amour, même quand je suis honnête avec elle.

Heureusement pour moi, elle fait la même chose avec moi. Je sais que quand je lui raconte quelque chose, même si ça me met dans une position peu flatteuse et embarrassante, elle sera toujours de mon côté. Je me souviens de m'être assise près de l'eau avec elle un jour, lui racontant une telle histoire. J'étais tellement remplie de honte et de déception, j'en avais de la difficulté à parler, mais il était immédiatement clair pour moi que cela ne changeait en rien la relation que j'avais avec Nathalie.

Ma cousine est une de mes amies les plus chères aussi pour ce qu'elle ne me dit pas. Elle ne me harcèle pas. Elle ne me rabaisse pas. Elle ne me dit pas des choses blessantes. Elle ne me dit pas ce genre de chose parce que de vrais amis n'agissent pas de cette façon.

Je n'ai pas toujours été aussi gentille et aimante envers moi-même de la même manière qu'elle l'est avec moi. Je me suis tourné le dos de nombreuses fois. J'ai fait des erreurs que je croyais impardonnables. Je me suis laissée tomber en refusant d'être là quand j'avais besoin d'aide et de réconfort. Je me suis abandonnée moi-même. J'ai ignoré mes besoins de paix, pour maintenir la paix avec les autres.

Puis, j'ai eu une nouvelle idée: et si je me traitais de la même manière que Nathalie et moi nous nous traitons? Et si je me parlais de la même manière que nous nous parlons? Ma conversation intérieure se doit de ressembler aux conversations que j'ai avec Nathalie. C'est mon objectif.

S'aimer, c'est s'accepter inconditionnellement, de la manière dont nous sommes maintenant, en plein milieu de ce que Jon Kabat-Zinn appelle la *catastrophe complète* qui est notre vie. Avec ton discours intérieur, tu peux te montrer que tu n'es pas seul, que tu es aimé. Si tu construis cette relation avec toi-même, si tu te prouves que tu es digne de confiance pour veiller sur toi-même, alors tu ne seras plus jamais seul.

Quand les temps sont durs ou lorsque je commets une erreur, je vais intentionnellement mettre une main sur mon cœur et me parler avec amour, comme ma cousine le fait. Je me prouve avec mes mots et ma main que je vais me soutenir.

MON DISCOURS INTÉRIEUR

- Je t'aime comme tu es.

- Tu n'as pas besoin de te prouver envers moi pour que je puisse t'aimer.

- Je vais te soutenir à travers tout ça.

- Je suis là.

- Je crois en toi.

EXPLORE: DEVENIR TA NOUVELLE MEILLEUR AMIE

Que dirais-tu si nous prenions un peu de temps pour comprendre ce que veut dire être un meilleur ami? Si tu as une meilleure amie, pense à la façon dont vous vous traitez et à ce que tu ressens quand vous êtes ensemble.

Si tu n'as pas de meilleur ami présentement, ceci est une bonne occasion pour imaginer les qualités que tu aimerais qu'il ait.

Comment ton meilleur ami te parle? Mon meilleur ami me parle de cette façon:

Il y a-t-il quelque chose que ton meilleur ami t'a dit qui t'as fait ressentir de la joie? Mon meilleur ami m'a dit:

Quel message ton meilleur ami t'a dit lorsque tu avais besoin de confort? Mon meilleur ami m'a dit:

Quelles sont les choses que ton meilleur ami ne te dirait jamais? Mon meilleur ami ne me dirait pas:

Maintenant, prends un peu de temps pour imaginer ce que serait ta vie si tu choisissais de te parler comme un meilleur ami le ferait.

PAROLES BRILLANTES

« Je ne l'échangerais pour rien au monde. Jamais. Non jamais. Ton amitié est le meilleur cadeau qu'il soit. »

~Tigger

UNE HISTOIRE QUI M'INSPIRE

Sandra Bullock et la gentillesse envers soi.

Une copie du *People Magazine* a retenu mon attention chez le dentiste un jour. Sur la page couverture, il y avait Sandra Bullock, considérée comme la femme la plus belle au monde. J'étais intriguée et heureuse que le magazine eût choisi une femme dans la quarantaine. Finalement, la beauté était célébrée à chaque étape de la vie. Je devais lire l'article.

Dans l'article, Sandra confie à quel point elle souhaite que son discours intérieur eut été différent lorsqu'elle était plus jeune. Elle aurait aimé se dire de ne pas s'inquiéter autant et se parler avec plus de gentillesse.

Aujourd'hui, c'est une femme qui a, apparemment, tout: la beauté, la célébrité, la fortune, le succès et même un *Academy Award* pour l'amour de Dieu. Et encore, ses préoccupations concernent la manière dont elle se parle à elle-même. Elle a appris que se parler avec gentillesse est la chose la plus importante pour être heureux. Toutes ces autres choses n'ont pas d'importance si tu ne te parles pas avec amour et gentillesse. Le discours intérieur est vraiment un grand égalisateur. Rien dans ta vie extérieure ne va pouvoir compenser les dommages causés à l'intérieur si tu te critiques, te rabaisses et t'insultes. Rien ne peut être accompli à l'extérieur qui soit assez puissant pour guérir la misère dans laquelle tu te mets quand tu es méchant envers toi-même.

MON HISTOIRE: TIENS GENTIMENT TA PROPRE MAIN

DURANT DES PÉRIODES DIFFICILES

C'est bien connu, certaines semaines sont plus difficiles
que d'autres. Je vais vous parler d'une en particulier. À un
moment, ma fille était atteinte d'une maladie respiratoire.
J'ai passé plusieurs nuits à la tenir dans mes bras, dehors,
sur le patio, pour que l'air frais diminue l'enflure de sa
gorge. Puis, je suis tombée malade à mon tour. Vers la fin
de la semaine, j'arrivais à peine à tout gérer. L'inquiétude
que j'avais pour ma fille, mon manque de sommeil et de
soins… tout ça m'a rattrapé. Je me suis retrouvée, une
nuit, pleurant dans la cuisine, trop fatiguée et anxieuse
pour dormir. Je n'arrivais pas à penser à quelque chose
qui pourrait améliorer les choses.

Puis, ce dont j'avais vraiment besoin m'est apparu dans l'esprit. J'avais besoin de quelqu'un pour tenir ma main. J'avais besoin de créer un petit abri sûr où je pourrais me détendre un peu. J'avais besoin de me démontrer que je prenais soin de moi, que je ne m'oubliais pas malgré les évènements. Alors, j'ai tenu ma propre main avec mon discours intérieur.

Je me suis écrit une lettre comme celle que j'écrirais à un ami qui vit un moment difficile. Je me suis dit que je savais à quel point la semaine avait été difficile, que je me m'étais impressionnée avec tout ce que j'avais fait et donné cette même semaine. J'ai écrit que je comprenais à quel point j'étais épuisée. Je me suis prouvée, avec mes mots, que quelqu'un me comprenait. Je me suis donné une grande dose de compassion et de gentillesse, pour m'encourager. Ma fille va bientôt aller mieux, je vais bientôt guérir, bien dormir à nouveau et bien aller.

Je me suis aussi rappelé la beauté et l'amour qui m'ont entourée cette même semaine : les berceuses que je chantais à ma fille sous les étoiles, les longues heures à jouer le jour, faire de l'art et planter des fleurs, le Dahl délicieux qu'une amie m'a préparé quand elle a vu que j'étais fatiguée, mon mari qui allait au travail plus tard pour que je puisse dormir un peu le matin. J'étais reconnaissante pour toutes ces démonstrations d'amour, et j'ai pris un instant pour les apprécier. Quand j'ai eu fini d'écrire, je me suis lu la lettre. J'ai laissé échapper un grand soupir de soulagement quand j'ai vu que j'avais été comprise. Mon fardeau a été allégé. J'ai enfin été capable de dormir après avoir prié la guérison pour nous deux.

MON DISCOURS INTÉRIEUR

- Je peux voir à quel point tu es épuisée.

- Je comprends que c'est difficile pour toi.

- Merci de prendre du temps pour reconnecter avec moi.

- J'ai vraiment besoin d'aide. Merci de me la donner.

- Je suis là pour toi. Je t'aime.

EXPLORE: TENIR TA PROPRE MAIN

C'est maintenant à ton tour de te tenir la main. Y a-t-il un aspect de ta vie dans lequel tu as besoin de rester à tes côtés? Peux-tu t'imaginer en train de tenir ta propre main? Sois présent et disponible envers toi-même, avec gentillesse et beaucoup d'amour.

Je veux être à mes côtés dans cet aspect:

Ce que je veux faire pour moi:

Je me donne la permission de:

PAROLES BRILLANTES

« Sois gentil quand c'est possible. C'est toujours possible. » ~Dalai Lama

EN CONCLUSION: UNE DERNIÈRE EXPLORATION

Je t'invite ici à prendre le temps d'écrire ou de dessiner tes impressions de ce chapitre. Qu'est-ce qui t'a inspiré? Qu'est-ce qui t'a dérangé? Qu'as-tu accepté? Que vas-tu changer dans ton discours intérieur? Peux-tu t'imaginer te parler avec plus de gentillesse? Peux-tu te considérer comme ton propre meilleur ami?

CHOISIS LE PROCHAIN CHAPITRE DE TON EXPLORATION

Dans le deuxième chapitre, tu as exploré le discours intérieur de gentillesse en étant ton propre meilleur ami et en tenant ta propre main. Magnifique! Bien joué!

Tu peux maintenant choisir de continuer selon le chemin que je propose et lire le chapitre 3. Ce chapitre traitera du pouvoir qu'a notre discours intérieur sur la définition de nos propres significations.

Encore une fois, c'est ta propre exploration. Tu peux également choisir de passer à un chapitre différent. Va où le bon vent te mène. Fais-toi confiance. Où veux-tu aller?

Chapitre 3

C'est ma vie et j'ai le droit d'en décider le sens

Ou choisir des mots de sens

Notre intention dans le chapitre 3 est de parvenir à choisir des mots de sens.

En tant que personnage principal de ton histoire, tu as le droit de choisir le sens que chaque personne ou chaque événement a pour toi dans ta vie. Grâce à ton discours intérieur, tu peux t'aider à comprendre la direction et le sens que prend ta vie. Cela ne tient qu'à toi! Par exemple, tu es dans la position de décider si une séparation avec quelqu'un veut dire un échec ou plutôt un nouveau départ. Tu peux décider ce qu'un câlin veut dire pour toi. Tu peux décider si ton objectif est d'aimer les autres et toi-même de tout ton cœur. C'est ton droit de naissance de choisir le sens de ta vie, peu importe ce qui arrive.

Prend le temps de savourer ce poème, écrit par Wendell Berry, qui raconte l'histoire d'une personne dont le sens de sa vie est de guérir le monde en plantant des trèfles, une plante qui revigore les terres épuisées.

Dans la pénombre de la lune, dans la neige légère, dans la mort de l'hiver,

La guerre se propage, des familles meurent, un monde en danger.

Je marche sur une falaise rocheuse, semant le trèfle.

MON HISTOIRE: UN DIEU HAWAÏEN ET CE QUE MA VIE VEUT DIRE POUR MOI

J'étais à l'hôpital, je visitais mon père qui était très malade, quand un signe de joie et d'amour vint à moi. Après une longue et effroyable nuit, au chevet de mon père, un infirmier est entré dans la chambre pour venir chercher un autre patient. Il portait un tee-shirt et des pantalons serrés, des lunettes rouges au goût du jour, une extravagante coupe de cheveux et un immense sourire aux lèvres. Il transpirait la joie et se comportait comme si assister les patients de l'hôpital était la meilleure chose qui lui soit arrivée. En le voyant, l'autre patient a souri. Puis, j'ai souri à mon tour. Je m'étais ressaisie, seulement en passant quelques minutes dans la même pièce que cet infirmier. L'arrivée de ce dernier a eu un sens pour moi; celui qu'il y a de la joie et de l'amour dans les hôpitaux. Il m'a aidée à en prendre conscience. La joie et l'amour peuvent exister, même entre les mains de la tristesse.

Je possède une incroyable liberté; celle de donner un sens à ce qui croise mon chemin. Je peux décider ce que les événements et les personnes veulent dire pour moi. Quand une relation se termine, je peux décider ce que la personne représente pour moi, même si on ne se parle plus. Moi, mon ancienne partenaire d'affaires et mon amie, Frances, avons arrêté de nous parler il y a plusieurs années. Nos chemins se sont éloignés l'un de l'autre après avoir passé beaucoup de temps ensemble. Quand je pense à elle aujourd'hui, je pense, à l'amitié, l'amour, l'aventure, la confiance, la compatibilité, grandir ensemble, l'entrepreneuriat et le plaisir. Oh, nous en avons eu du plaisir. Peu importe si nous ne nous parlons plus, rien ne change ce que Frances est pour moi.

Mon amie Heidi est une artiste talentueuse et croit fortement qu'il faut donner un sens et une symbolique à sa vie. Elle reconnaît les signes que la vie nous donne et démontre une grande sagesse quand vient le temps de les déchiffrer. Je l'ai visitée à Hawaii suite à une rupture amoureuse difficile. J'en avais assez de me lier avec des partenaires qui ne se prenaient pas en main. J'étais découragée. Heidi m'a offert en cadeau deux statuettes qu'elle avait sculptées. L'une d'elles représentait le dieu Hawaïen Ku, dont le nom veut dire *se tenir debout* et l'autre était sa partenaire, Hina. Elle m'a dit que mon prochain partenaire sera solide et fort comme ce dieu. Je les ai mises sur ma commode et je les regardais fréquemment. Elles ont guidé mes choix dans ma prochaine relation. Quand mon futur mari m'a proposé de sortir, je savais qu'il possédait les qualités de Ku.

Ces sculptures représentent également l'amour et le support, étant donné qu'elles m'ont été offertes par mon amie. Je serai toujours reconnaissante envers Heidi pour m'avoir montré un autre chemin vers l'amour. Après ma visite avec elle, je n'étais plus quelqu'un qui avait de la difficulté à trouver l'amour. J'étais quelqu'un qui n'avait pas encore trouvé l'âme-sœur. J'étais encore sur le chemin vers l'amour.

MON DISCOURS INTÉRIEUR

- Je peux décider ce que cela veut dire pour moi.

- Ce n'est pas ce qui m'arrive qui importe, c'est le sens que j'en donne.

- Cette sculpture représente l'amour à mes yeux.

- Ceci a un sens important pour moi.

- Ma vie est remplie de sens. Je suis guidée.

À TOI D'EXPLORER: LA SYMBOLIQUE ANIMALE

Dernièrement, je me suis mise à explorer le sujet de la symbolique animale pour m'aider à donner un sens à qui je suis, comment je suis et quelle de mes qualités je désire améliorer. Ces animaux me sont apparus dans mes séances de méditation et lorsque je les observais dans la nature. Parfois, un animal en particulier captait mon attention.

Un soir, lorsque je prenais une marche et que je me sentais submergée par la vie, je me suis arrêtée un instant, tenant ma tête entre mes deux mains. Quand j'ai relevé ma tête, il y avait un immense hibou à quelques pieds plus loin qui me regardait droit dans les yeux. Il avait l'air vigilant tout en semblant si confortable dans la noirceur de la nuit. Je me suis dit ce hibou s'aventure dans le noir sans aucune peur. Il voit des choses que d'autres ne voient pas.

Après cet évènement, je voyais des hiboux partout. Sur des couvertures de livres, dans des chansons, sur des chandails. Ils apparaissaient toujours, encore et encore. Cela m'a fait réaliser que je devais être plus confortable dans ma vie et moins effrayé des choses que je pourrais trouver dans la noirceur.

Un autre animal qui me guide est le colibri. Ce petit oiseau gai me rappelle de sourire. Si dans une journée je ressens de la désolation et que tout semble dramatique, les chances que je croise un colibri sont grandes. Puis je me dis: *lève le menton et souris ma belle, tout va bien aller.*

Je suis aussi guidée par le singe. Les singes se foutent de ce que les autres pensent d'eux; ils sont irrévérencieux. Ils font ce qu'ils ont à faire. Je veux être comme eux. Je me dis : *je suis comme le singe, je suis moi, ce n'est pas de mes affaires ce que les autres pensent de moi.*

Maintenant, c'est à ton tour de trouver le sens que les animaux ont pour toi. Utilise ton imagination et amuse-toi! Il y a-t-il un animal qui t'inspire particulièrement ou qui te fascine? Quelles sont ses qualités? Comment ces qualités peuvent te guider? Comment peux-tu t'associer à cet animal?

Si tu es inspiré, dessine les symboliques de cet animal. Permets-toi d'être créatif.

PAROLES BRILLANTES

«Quand je cours sur la rive, je me parle de la même façon que Mohammed Ali se parlait à lui-même. Je m'imagine qu'il est celui qui me parle, m'encourage et me dit que je peux courir plus vite. Je suis lui quand je cours. » ~ Aîné des premières nations

UNE HISTOIRE QUI M'INSPIRE

Cécile Gambin : j'essaie d'en trouver le sens en apprenant à devenir une athlète plus forte.

Il y a très peu de carrières qui oscillent entre gagner et perdre comme le font les athlètes professionnels. Ils sont entraînés pour vaincre les autres ainsi que leurs records personnels. Une victoire, c'est merveilleux, mais les défaites les font parfois tomber de haut. C'est pourquoi beaucoup d'entre eux s'entraînent à améliorer leur discours intérieur pour la motivation en entrainement ou la visualisation des futures victoires. En plus, ils utilisent le discours intérieur positif lorsqu'ils perdent pour trouver les raisons de chaque défaite et éviter de refaire les mêmes erreurs.

Cécile Gambin est maintenant photographe, professeure, mère de deux garçons très actifs et conductrice de moto hors-piste. Auparavant, elle participait avec succès à des compétitions de haut niveau de vélo de montagne spécialisé dans les courses de descente. Elle était première dans son classement, compétitionnait à l'international et souvent médaillée au Canada.

La pression était sur ses épaules. Ses commanditaires lui demandaient des victoires pour avoir une bonne publicité. Elle avait également les autres athlètes qui la suivaient de près,; elle devait constamment se battre pour garder sa position. Le discours intérieur lui a été bénéfique pour devenir une meilleure athlète et pour apprendre autant dans les victoires que dans les défaites.

«Peu importe si je gagnais ou pas, je me concentrais toujours sur ce que je pouvais améliorer. Que ce soit une meilleure préparation, une meilleure concentration mentale, une meilleure aptitude physique, etc. Il y avait toujours place à l'amélioration et j'essayais de grandir dans mes apprentissages. J'étais toujours très déçue quand je perdais, mais j'essayais de trouver un sens dans chacune de mes défaites en apprenant à devenir une meilleure athlète. Mes victoires sont en partie constituées de mes défaites. Si je ne gagnais pas, mais que j'avais donné tout ce que j'avais, ce n'était pas la fin du monde. Je ne peux que faire de mon mieux, ensuite, je n'ai pas de contrôle sur ce qu'il arrive. »

Elle a également utilisé des méthodes de discours intérieur pour améliorer son estime personnelle, en se disant qu'elle avait tout ce dont un bon coureur avait besoin.

«J'étais probablement la personne qui me mettait le plus de pression quand je me demandais si j'étais assez bonne pour être dans l'équipe. Je sentais que je devais prouver que j'avais ma place et pas seulement aux autres, mais aussi à moi-même. Je me disais que s'ils m'engageaient dans l'équipe, il était parce qu'ils croyaient en moi et tout ce qu'il me restait à faire, c'était de croire en moi. Cela m'a demandé beaucoup de travail parce que c'est bien plus facile à dire qu'à faire. Douter de soi peut vraiment nuire. »

Dans la vie de tous les jours, Cécile utilise ses méthodes de discours intérieur qu'elle a acquis avec le sport. Notamment, quand il y a trop de pression et qu'elle doit se concentrer pour faire de son mieux. Elle se dirait : allez Gambin... Tu es capable!

«Je me réfère à des évènements passés et je me dis que si je l'ai fait une fois, je peux le faire encore. Si je vis une nouvelle expérience, je me réfère aussi à des événements passés pour me calmer.»

PAROLES BRILLANTES

«Donc, ce qui importe, ce n'est pas le sens général de la vie, mais plutôt le sens spécifique de la vie d'une personne à un certain moment.» ~ Viktor E. Frankl

MON HISTOIRE: FAIS DE CETTE HISTOIRE LA TIENNE

Lorsque j'étais petite, mon père me racontait plein d'histoires à propos de mon grand-père, à quel point il avait travaillé fort. Il a quitté l'école à l'âge de huit ans pour travailler aux côtés de son beau-père. Dans son adolescence, il tassait le charbon dans les fourneaux d'un bateau. Tout au long de la Grande Dépression, il était le seul de sa famille à avoir un emploi, deux emplois, trois emplois. Tout ce que ça prenait, tout ce qu'il fallait faire, il le faisait. Il a réussi à garder la tête de sa famille hors de l'eau.

Un de ses emplois qui me revient toujours à l'esprit, c'est son emploi comme conducteur de camion. Vois-tu, quand mon grand-père a donné sa candidature pour l'emploi, il n'avait pas de permis et il ne savait pas conduire, mais il avait du cœur au ventre et de la détermination. Il a tout appris par lui-même. Quand il a quitté cet emploi un peu plus tard, son patron lui a dit qu'il était déçu de voir son meilleur conducteur partir. Mon grand-père ne savait pas comment changer de vitesse, alors il conduisait le camion en première vitesse tout le temps, très lentement, partout où il allait. Ironiquement, il était le seul conducteur de sa compagnie à ne pas avoir eu d'accidents.

J'ai raconté cette histoire alors que j'étais adolescente à mon amie Natsuko. Elle a adoré et elle en parle encore trente ans plus tard. Plusieurs fois, quand elle frappait un mur dans sa vie et ignorait si elle allait encore connaître des victoires, elle pensait à mon grand-père. Elle a fait de son histoire la sienne, car elle a du sens pour elle. *S'il peut le faire, je peux le faire.* Qu'elle se dit ! Natsuko a une volonté remarquable. Elle est forte et courageuse mais elle aussi a parfois besoin d'un discours intérieur encourageant. C'est ce que l'histoire de mon grand-père a comme effet pour elle. Elle s'identifie aux qualités que mon grand-père a démontrées; de la détermination, de l'acharnement et du courage.

Mon grand-père n'a pas seulement inspiré Natsuko, il m'a aussi inspirée et m'a aidée à me définir. Son histoire a du sens pour moi aussi. Après m'avoir raconté l'histoire de mon grand-père, mon père m'a dit que j'étais comme lui- que j'étais courageuse et que je n'abandonnais pas facilement. Ces mots font partie du discours intérieur que j'ai hérité et il fonctionne pour moi. Peu importe si quelqu'un me dit que je ne peux pas faire quelque chose, je vais le faire pareil parce que je sais que je peux. Je me dis que tout est possible.

MON DISCOURS INTÉRIEUR:

- Je peux choisir d'être d'une certaine façon et de renforcer les qualités que j'ai.

- Je peux faire d'une autre histoire la mienne.

- Je peux y arriver.

- Je trouverai un moyen.

- Pourquoi pas moi?

EXPLORE: UN BLASON POUR TE SYMBOLISER

Un blason est un bouclier recouvert de symboles et de figures qui représentent une personne, une famille, un groupe ou une organisation. Je t'invite à t'en créer un pour représenter une image visuelle de toi-même. Les images et les symboles nous aident à communiquer avec nous-mêmes. Avec ce blason, tu présentes au jour une partie importante de qui tu es vraiment. Tu choisis ce qui est important et ce qui a de la valeur pour toi. Tu peux aussi y inclure des qualités que tu partages avec une personne que tu admires.

Mon blason est constitué d'un crayon pour symboliser l'écriture, des vagues pour symboliser la guérison que m'apporte l'eau, un colibri pour symboliser la légèreté et le jeu, un lion pour représenter le courage et une mère entourant son enfant pour représenter l'importance que la maternité a, autant pour mon enfant intérieur que pour la mère que je suis.

Voudrais-tu créer ton propre blason?

Choisis au moins quatre symboles qui te représentent : tes croyances, tes amours, tes forces, tes passions, tes rêves, tes succès. Tu peux dessiner tes symboles (peut-être dans la forme traditionnelle du blason, le losange), ou tu peux les écrire.

EN CONCLUSION: UNE DERNIÈRE EXPLORATION

Je t'invite ici à prendre le temps d'écrire ou de dessiner tes impressions de ce chapitre. Qu'est-ce qui t'a inspiré? Qu'est-ce qui t'a dérangé? Qu'as-tu accepté? Que vas-tu

changer dans ton discours intérieur? Peux-tu imaginer te parler de façon à mieux comprendre le sens de ta vie?

CHOISIS LE PROCHAIN CHAPITRE DE TON EXPLORATION

Tu viens de passer un précieux temps à réfléchir sur le sens que tu donnes à ta vie avec ton discours intérieur. Tu as choisi des mots de sens.

Tu peux maintenant choisir de continuer selon le chemin que je propose et lire le chapitre 4. Ce prochain chapitre t'aidera à te parler de façon à te montrer que tu es plus important que tes problèmes. Notre intention sera de choisir des mots lesquelles nous feront prendre conscience de notre propre valeur.

C'est ta propre aventure. Tu peux également choisir de passer à un chapitre différent et y rester pour un moment. Va où ton inspiration te mène. Fais-toi confiance. Où veux-tu aller?

Chapitre 4

Je suis plus important que mes problèmes

Ou choisir des mots d'estime de soi

Notre intention dans le chapitre 4 est de choisir des mots qui rehaussent l'estime de soi. C'est une vie compliquée que tu as et parfois, tu peux rencontrer un gros problème ou une série de plus petits que tu devras régler. C'est facile de s'y perdre, d'oublier que tu as un univers à l'intérieur de toi qui doit se distinguer de celui qui t'entoure.

Grâce à ton discours intérieur, tu peux te garder au centre et créer une certaine séparation entre toi-même et les événements qui surviennent dans ta vie. Tu peux te rappeler à quel point tu es important. Tu peux communiquer avec cette partie de toi qui reste souvent dans l'ombre. Finalement, tu peux te rappeler que tout finit par passer.

MON HISTOIRE: JE SUIS PLUS IMPORTANTE QUE MES PROBLÈMES

Quand je dirigeais une agence de relations publiques, il y avait des jours très demandant avec des clients, des journalistes, des employés ou des dates de tombée. Parfois, je devenais complètement submergée dans tous les problèmes que je rencontrais. Même si je ne faisais qu'une erreur dans une journée de 25 succès, si un client n'était pas satisfait, si une histoire générait une mauvaise couverture médiatique, je me le reprochais. Peu importait si le problème était ou non hors de mon contrôle. Peu importait si ce qu'on m'avait demandé n'était pas une tâche raisonnable. Je me critiquais si je n'étais pas capable de régler tout ce qui arrivait ou si je n'arrivais pas à garder tout le monde heureux. Je n'avais aucune séparation entre moi-même et mes problèmes de travail.

En plein cœur d'une de ces périodes stressantes, j'ai lu quelque part : *tu es plus important que tes problèmes.*

Mon Dieu, et si c'était possible? Je sais que je lis ou que j'entends quelque chose qui m'est vrai quand mon cœur bat très fort. Oui! Oui! Oui! C'est vrai!

C'était la première fois que je me rendais compte que j'existais séparément de ce qui m'arrivait à l'extérieur. J'étais plus importante que les difficultés au travail, que les problèmes de relation ou que ceux qui survenaient ici et là dans ma vie. Oui! oui! Oui! C'est vrai! Me criait mon cœur.

Je me souviens d'un soir où je nageais sans arrêt dans une piscine extérieure près de la mer en me répétant la phrase: je suis plus importante que mes problèmes. Je suis plus importante que mes problèmes. Je suis sortie de la piscine en me sentant plus calme et sachant qu'une partie de moi n'était pas touchée par ce qui arrivait autour de moi.

Après, je me répétais cette phrase quand ma vie devenait trop stressante. C'était le début d'une nouvelle façon de porter un regard sur la vie et une nouvelle façon de me parler.

Quand je me sens surpassée par les défis de la vie, quand je rencontre des problèmes qui m'inquiètent, je me rappelle que j'existe séparément de la situation que je suis en train de vivre. Il y a une partie de moi qui est toujours bonne et toujours pure, peu importe la situation.

Je veux m'assurer que je continue à me parler avec amour, parce que je suis plus importante que mes problèmes.

MON DISCOURS INTÉRIEUR

- Je suis plus importante que mes problèmes.

- Tout finit par passer.

- Tu as fait une erreur et je t'aime pareil.

- Je vais me concentrer sur moi et sur ce que je peux contrôler.

- Tout va bien. Je vais bien.

PAROLES BRILLANTES

«Peu importe, ce qui arrive, peu importe qui change, peu importe si les choses vont comme je le veux, je laisse tout aller. Je laisse derrière la personne que je crois être, la personne que je veux être, le monde que j'idéalise. Je

rentre chez moi, dans la paix du moment présent.» ~

Elizabeth Lesser

EXPLORE: ALLÈGE LA CHARGE

Allégeons la charge causée par le poids de nos problèmes

et de nos défis quotidiens.

Commençons avec notre intention: se dire à quel point

nous sommes importants, peu importe ce qui arrive.

Dépose ta main sur ton cœur et dis trois fois: je suis plus

important que mes problèmes.

UNE HISTOIRE QUI M'INSPIRE

Aviva Riley: *Je me dis que je peux me prévaloir même dans*

des circonstances difficiles.

Mon amie Aviva Riley a reçu une bourse d'étude professionnelle pour prendre part à une conférence prestigieuse à la Nouvelle-Orléans. Étant la récipiendaire de la bourse, elle était attendue comme invitée d'honneur à une réception particulière. C'était une grosse d'affaire pour elle. Le seul problème, il est qu'elle se sentait malade ce jour-là.

Elle s'est assise dans sa chambre d'hôtel, vaincue, se disant qu'elle ne pourrait pas être en mesure d'assister à la conférence. Puis, son sac de toilettes a capté son attention. Elle était décorée d'une cowgirl brandissant son pistolet et on pouvait lire: *je suis touchée, mais je peux le faire.* C'était un cadeau d'une amie (petite divulgation: moi!)

«Ce message m'a galvanisée,» dit Aviva. *«Je ne cessais de me le répéter. Je me disais que je pouvais me prévaloir même dans des circonstances difficiles.»* Elle s'est habillée et a assisté à la conférence avec succès, complétant ses tâches et ses obligations en établissant de bons contacts professionnels et, plus important encore, en étant fière de la manière dont elle a surmonté ses difficultés grâce à son discours intérieur.

PAROLES BRILLANTES

«Aucun problème ne peut être réglé avec le même niveau de conscience que celui qui l'a créé. Tu dois apprendre à voir le monde d'une nouvelle façon.» ~Albert Einstein

MON HISTOIRE: SOIS DE TON CÔTÉ
AVEC GENTILLESSE ET COMPASSION

Un jour, une étudiante est venue me voir durant les heures de bureau de l'université. Elle voulait discuter de la situation de sa mère, qui est malade depuis plusieurs années. Si jeune, cette élève est devenue la première à prendre soin de sa mère et elles étaient présentement en train de traverser une période difficile. Elle voulait me dire qu'elle allait manquer plusieurs cours et plusieurs dates de tombée. J'ai été touchée par son histoire, comme je le suis toujours quand je réalise les grosses responsabilités que certains de mes étudiants doivent porter.

Alors qu'elle continuait à m'expliquer sa situation, elle a commencé à pleurer. Elle se rabaissait en disant qu'elle n'arrivait plus à faire quoi que ce soit de la bonne façon. Elle m'a expliqué qu'elle était très perfectionniste. Ce mot vient toujours brandir un drapeau rouge à l'intérieur de moi. Je m'attarde à sa signification: rien n'est assez bon, je ne suis pas assez bon.

Finalement, je lui ai dit: *«on dirait que tu as beaucoup de stress, de pression et de responsabilités en ce moment. Que dirais-tu de mettre les chances de ton côté, de te ranger de ton côté? Que dirais-tu de donner un peu de gentillesse et de compassion pour la personne qui est en train de prendre soin de sa mère tout en allant à l'école à temps plein. Ne crois-tu pas qu'elle a besoin d'amour et de gentillesse?»*

Mon étudiante est restée assise là pour un moment à me regarder. Je pouvais voir qu'elle n'y avait jamais pensé de cette façon. Puis, elle a dit tout bas: *«Oui, elle mérite aussi de l'amour et de la gentillesse.»*

Je sais à quel point se donner notre propre dose de gentillesse et de compassion peut être difficile. Nous en avons besoin tous les jours- et encore plus lorsque nous traversons des périodes difficiles. L'auto-compassion et l'auto-gentillesse font partie de mes pratiques, comme le yoga ou la méditation. Je continue d'essayer, même si je ne vois pas de progrès.

Un professeur de yoga m'a déjà dit de ne pas me contrarier si je tombais en essayant de me tenir sur une jambe. «*Pense plutôt à te donner la chance de gagner plus d'équilibre à la place de te dire que tu n'as pas d'équilibre.*» Dans le même ordre d'idée est de continuer à gagner de l'amour en pratiquant l'auto-compassion et l'auto-gentillesse.

MON DISCOURS INTÉRIEUR

- Tu es une personne bienveillante.

- Tu fais de ton mieux dans des moments difficiles.

- Je suis fière de toi.

- Je comprends à quel point c'est difficile pour toi.

- Je t'aime comme tu es.

EXPLORE: LE MESSAGE D'OR

Cette semaine, j'ai vécu un gros moment AHA, comme Oprah les appels. J'ai réalisé que, parfois, je dis de moi que je suis une mauvaise personne. Le discours intérieur négatif est là, sous le radar, comme quand on lit entre les lignes. Ce genre de discours peut arriver quand je ne m'entends pas bien avec quelqu'un, quand j'échoue ou quand je suis anxieuse. Plus le problème que je rencontre est gros, plus je suis portée à me parler ainsi, surtout si je ne trouve pas le moyen de le régler. C'est un défaut que j'ai en moi.

Par contre, pour moi, la chose la plus gentille que je puisse me dire est : *tu es une bonne personne et je t'aime.*

C'est ce que j'aime appeler le *message d'or.* Celui que j'ai le plus besoin d'entendre, celui que j'aime entendre d'un être cher. C'est un message de gentillesse que je peux me dire.

Qu'en est-il de toi? As-tu un message d'or? Que veux-tu le plus entendre? Quelles paroles peuvent te soulager? Qu'est-ce qui te ferait plaisir? Écris ton message d'or. Maintenant, mets ta main sur ton cœur pour une plus grande connexion avec toi-même et dis ce message d'or trois fois ou plus au besoin.

EN CONCLUSION: UNE DERNIÈRE EXPLORATION

Je t'invite ici à prendre le temps d'écrire ou de dessiner tes impressions de ce chapitre. Qu'est-ce qui t'a inspiré? Qu'est-ce qui t'a dérangé? Qu'as-tu accepté? Que vas-tu changer dans ton discours intérieur? Peux-tu t'imaginer te dire que tu es plus important que tes problèmes dans ton discours intérieur?

CHOISIS LE PROCHAIN CHAPITRE DE TON EXPLORATION

Dans le chapitre 4, on s'est souvenue que nous sommes plus importants que nos problèmes et que nous pouvons nous isoler à l'intérieur dans un endroit qui se sépare de ce que nous vivons grâce à notre discours intérieur.

Tu peux maintenant choisir de continuer selon le chemin que je propose et lire le chapitre 5. Ce prochain chapitre portera sur se dire la vérité et l'accepter. Il porte sur la beauté de vivre en harmonie avec ce qui est.

C'est ta propre aventure. Tu peux également choisir de passer à un chapitre différent et y rester pour un moment. Va où ton inspiration te mène. Fais-toi confiance. Où veux-tu aller?

Chapitre 5

Dis-toi la vérité même si tu ne l'aimes pas

Ou choisir des mots vrais

Notre intention avec le chapitre 5 est de choisir des mots vrais, des mots qui facilitent l'acceptation.

Rester connecter avec ta propre vérité intérieure est une manière d'être qui donne du pouvoir et du contrôle. Te dire la vérité, te dire qui tu es vraiment, ce que tu veux vraiment, comment tu désires vivre. Quelque chose en toi laisse échapper un soupir de soulagement lorsque tu entends la vérité. Avec ton discours intérieur, tu peux apprendre à garder la tête haute faisant face à n'importe quelles vérités, bonnes ou mauvaises.

La vérité peut aussi dire accepter ce qui est et ne peut être changée, la réalité du moment. Accepter ce qui est ne veut pas dire aimer ce qui est. Ça veut dire que tu ne combats pas ce qui est ou que tu ne prétends pas que ce n'est pas en train d'arriver. C'est trouver une façon de vivre plus en paix avec les différentes circonstances. C'est la fine ligne qui sépare être heureux avec ce que tu as, mais quand même dire ce que ton cœur veut.

MON HISTOIRE: ACCEPTER LA VÉRITÉ MÊME SI TU NE L'AIMES PAS

Quand ma fille était âgée de 18 mois, nous sommes partis en vacances familiales. À la moitié du vol, elle a vomi, alors je l'ai nettoyé et j'ai changé ses vêtements. Rien d'inquiétant.

Et c'est à ce moment-là qu'elle s'est vraiment mise à vomir.

C'était comme une scène d'un film d'horreur. Elle était si jeune et bouleversée qu'elle se projetait partout. Vers la fin, nous étions toutes deux couvertes de vomi de la tête aux pieds, ainsi que nos sièges et les sièges autour de nous. Nous restions assis là, dépassés par ce qui venait de se produire. Les gens autour de nous avaient l'air complètement dégoûtés. Je n'avais plus de vêtements propres pour aucune de nous deux.

Tout dans ma tête évitait de se dire que cette situation était vraiment en train d'arriver. Non. Je ne voulais pas être dans cet avion avec ma fille qui tombait malade. Je ne voulais pas être trempée et sentir mauvais avec encore plusieurs heures avant l'atterrissage. J'étais tendue et dérangée par la situation. Puis, je me suis résignée et j'ai décidé d'accepter les circonstances, même si elles ne me plaisaient pas du tout.

«Ce n'est pas agréable et c'est frustrant,» me suis-je dit. *« C'est correct, tu peux gérer ça. Pour l'instant, c'est ce qui est en train d'arriver et tu ne peux rien y changer.»* Immédiatement, mon corps et mon esprit se sont soulagés et mes épaules se sont relâchées. Je venais d'accepter la réalité de ma situation.

Laisser la réalité être la réalité, même quand je ne le veux pas, a été un long et difficile processus d'apprentissage pour moi.

Il y a quelques années, j'attendais en ligne pour mon déjeuner dans un centre de retraite et j'ai commencé à parler avec la femme qui attendait derrière moi. Nous avons discuté de l'importance qu'ait de dire la vérité.

C'était très difficile pour moi à l'époque de vivre dans la réalité et d'être complètement la personne que je suis et je lui en ai parlé.

Elle m'a répondu avec des mots dont je me souviens encore maintenant: « *lorsque tu dis la vérité, tes alliés te reconnaissent et peuvent alors se présenter à toi* ». Cette femme était Gail Larsen, professeure, auteure et fondatrice d'un programme appelé *Conversation transformée*. J'ai participé à un atelier avec elle pour en apprendre plus grâce à ses connaissances. Tout de même, cette phrase qu'elle m'a dite dans la file d'attente reste celle qui me suit le plus.

J'ai compris que ce que Gail m'avait dit à propos de la vérité était, c'est le cas de le dire, vrai. Ce qu'elle m'a dit s'applique autant à ce que je dis aux autres qu'à ce que je me dis à moi-même. Lorsque mon discours intérieur est honnête, tant en acceptant ma propre vérité qu'en acceptant une situation que je tente de nier, quelque chose change à l'intérieur. Des parties de moi se sentent soulagées, en connaissance de cause, excitées ou heureuses. Je me rallie, en me présentant à moi-même comme ma propre alliée.

La réalité est la réalité, même si elle n'est pas socialement correcte, socialement populaire où qu'elle n'ait simplement aucun sens. Ma réalité est ma réalité, même si quelqu'un ne l'accepte pas.

Le plus important est de chérir ce que je me dis à moi-même. Je dois me respecter et m'honorer. Je dois accepter que ce que je dis est vrai, même si je souhaiterais que ce soit autrement.

Et l'histoire de l'avion? Elle a eu une fin heureuse. D'autres passagers sont venus vers nous pour littéralement nous prêter de leurs vêtements, de leurs médicaments, des serviettes et des mots d'encouragement et de réconfort. Nous sommes sortis de ce vol ayant l'air d'un sac de guenilles, avec de la grande joie et l'immense soulagement d'être sous un soleil radieux.

MON DISCOURS INTÉRIEUR

- C'est mon droit de connaître ma propre vérité.

- Je veux savoir en quoi je crois le plus.

- J'accepte que ceci soit ma vérité et ma réalité, même si je ne l'aime pas.

EXPLORE: QUELLES SONT TES VÉRITÉS

Créer en soi un abri sûr veut aussi dire créer une place où l'on se sent en sécurité de dire la vérité, où on peut l'accepter avec compassion pour ce qu'elle est. Ta vérité peut être que tu as oublié des personnes ou des évènements sur le chemin de ta vie. Peut-être désires-tu prendre une nouvelle décision ou changer d'idée? Tu as le droit de te dire que c'est tout à fait normal de changer et de grandir. Tes vérités sont tes racines, tes fondations: elles sont probablement enfouies sous terre quelque part.

Il y a quelques vérités que j'ai commencé à accepter il y a quelque temps. Certaines ont été faciles à me dire, d'autres plus difficiles. Elles étaient enfouies très loin en moi.

- Cette personne ne m'aime plus désormais. Je ne me sens pas bien à ses côtés.

- Je ne veux pas être ici.

- Je ne suis pas très bonne dans ça.

- Cette amitié est terminée.

- Je veux changer.

- Je veux faire autre chose avec mon travail.

- J'ai besoin de prendre plus de temps pour moi.

Dans cet exercice, j'aimerais que tu plonges ton regard loin à l'intérieur de toi pour découvrir les vérités que tu portes. Que voudrais-tu te laisser savoir? Qu'est-ce qui aurait dû être mis à jour il y a longtemps? Tout est dans l'honnêteté et ça ne veut pas nécessairement dire d'agir. La vérité est notre base.

PAROLES BRILLANTES

«La chose qui t'effraie le plus n'a pas de pouvoir. Ta peur est ce qui a du pouvoir. Faire face à la vérité te libérera.» ~ Oprah

UNE HISTOIRE QUI M'INSPIRE

Jacky Yenga- «*Quand j'ai le courage de jeter un coup d'œil sur mon intérieur, je sais toujours ce qui est bon pour moi et ce qui ne l'est pas. Sinon, comment faire pour rendre ma vie meilleure?*»Jacky Yenga est une conférencière, enseignante et interprète. Elle enseigne et aide les gens à se dire leurs vérités pour qu'ils parviennent à avoir une meilleure connexion avec les autres et eux-mêmes. Les évènements qu'elle organise, comme ses *nuits de guérison africaine,* sont agrémentés d'un buffet délicieux, de danse, de musique et de rires. Tu quittes ses évènements te sentant léger, heureux et en sachant que tu importes et que tu as ta place. Née au Cameroun et élevée en France, elle veut partager la sagesse des Africains avec le monde occidental.

Vivre dans l'honnêteté est une valeur chère pour Jacky. « *Je vais de l'avant. Je veux que les gens me disent la vérité. J'aime savoir les choses comme elles sont. C'est la même chose avec la relation que j'ai avec moi-même. Je vis dans la vérité tant que je peux la discerner. Je vise à découvrir ce qui est profondément caché en moi et à l'amener à la surface. C'est une de mes responsabilités de suivre la vérité. Quand j'ai le courage de jeter un coup d'œil à l'intérieur de moi, je sais ce qui est bon pour moi et ce qui ne l'est pas. Sinon, comment faire pour rendre ma vie meilleure? »*

Jacky entre en relation avec ses vérités à travers plusieurs pratiques, comme la méditation et les prières, mais sa principale activité est la danse africaine.

«*La danse est un art très véritable et honnête, parce que tu te présentes comme tu es. Plus je pratique la danse, plus j'en découvre sur qui je suis. C'est comme éplucher un oignon. Je me connecte de plus en plus profondément avec moi-même. Je permets à la danse de me guider. Il se peut que ce soit inconfortable, mais la vérité ne peut pas me faire de mal. Savoir la vérité ne te demande pas de l'apprécier, elle existe tout simplement. Quand j'ignorais mes vérités et mes réalités, je vivais en regrettant.* »*

Pour Jacky, t'immiscer dans tes vérités c'est comme s'entraîner un muscle. Tu te renforces avec la pratique.

« *Tu y travailles, puis à un moment, tu sais quand tu te sens bien, quand tu as découvert la vérité. Ce n'est pas une poursuite intellectuelle, mais plutôt une connexion profonde avec ton âme et ton corps dans laquelle tu auras accès facilement à qui tu es vraiment et à ce que tu as vraiment à faire dans l'univers. En effet, le corps ne ment pas et l'âme non plus. Lorsque tu apprends à t'écouter, tu as littéralement une conversation avec ton corps et ton âme. C'est pourquoi la danse est si importante pour moi. Puis, quand tu développes une relation saine avec ton esprit et ton corps, tu obtiens de meilleurs outils pour t'orienter dans ta vie. C'est ce que j'essaye de faire et ce que j'essaye de vivre; c'est aussi ce que j'aime enseigner. »*

MON HISTOIRE : C'EST AINSI ET C'EST BIEN POUR L'INSTANT

Il y avait une mère à la maternelle de ma fille qui travaillait comme médecin dans un hôpital à des quarts de travail de 12 heures. Elle avait trois enfants, dont un bébé. Elle avait aussi un cheval qu'elle montait plusieurs fois par semaine en plus de s'en occuper.

Je dois admettre que j'étais un peu envieuse d'elle. Non de sa vie, mais de ses capacités à avoir de l'énergie. J'ai déjà mené une vie similaire à la sienne, mais je n'ai jamais été faite pour en être capable, c'était au détriment de ma santé et de mon bien-être. Honnêtement, j'ai besoin de prendre soin de moi plus souvent que la majorité des personnes.

Quelques années auparavant, plusieurs de mes grands rêves se sont réalisés tous en même temps . J'ai eu un enfant après des années passées à souhaiter d'en avoir un. J'avais un mariage fort et plein d'amour après plusieurs relations qui ont échoué. J'ai eu le travail que je convoitais à une université proche de chez moi, et j'ai signé mon premier contrat avec un éditeur pour écrire mon premier livre.

Que de bonnes choses, mais j'étais usée jusqu'à la corde.

J'étais occupée comme je ne l'avais jamais été. Je faisais les choses si rapidement pour arriver à tout accomplir. J'étais constamment épuisée, et je ne dormais pas beaucoup. À ce moment, un ami journaliste m'a demandé si j'aimais écrire le livre et prendre le temps de choisir la phrase parfaite. J'ai éclaté de rire en me disant que je n'avais même pas le temps qu'il me fallait pour faire un brouillon de ces phrases.

Dépassée par toutes ces choses merveilleuses qui m'arrivaient, j'ai laissé de côté ce que je croyais être la chose la moins importante: prendre soin de moi. J'ai totalement oublié tout ce que j'avais appris à propos de m'occuper de moi et évidemment, un matin, mon corps m'a dit: *c'est assez.* Il a littéralement fermé boutique. Je développais de sérieux problèmes surrénaliens.

Tous ceux qui ont des problèmes surrénaliens savent que c'est exactement comme si on retirait les batteries de ton corps, comme si tu n'avais plus la force de ne rien faire. Je me suis assez inquiétée pour effectuer des changements dans ma vie. Étape par étape, je reconstruisais ma santé. Depuis, je me mets à l'écoute de mon esprit et de mon corps en leur donnant le nécessaire pour mon bien-être.

Pour dire vrai, il reste encore beaucoup de choses que je ne peux pas faire. Je n'ai pas les ressources ou l'endurance nécessaire pour les faire. C'est un fait que j'ai autrefois ignoré, mais qu'aujourd'hui j'accepte mieux (la plupart du temps en tout cas).

Un bon thérapeute m'a un jour décrit une situation dans laquelle une belle-mère visitait son fils et sa belle-fille l'autre côté de l'océan. Après quelques jours, le trio eut une querelle et la belle-mère refusait de sortir de sa chambre pour le reste de son voyage. « *C'est très triste comme situation,* » ai-je dit. « *Non, pas du tout,* » m'a répondu le thérapeute. « *Considérant les circonstances et connaissant les trois personnes, cette situation a probablement été le meilleur scénario.* »

Le meilleur scénario est souvent très loin de notre idéal, loin de la façon dont nous souhaitons que les choses arrivent, que nous ne l'acceptions pas toujours. Nous sommes si attachés à une idée préconçue et à nos attentes que nous n'arrivons pas à voir que les choses sont comme elles sont en ce moment et que c'est bien ainsi. J'essaye de me souvenir de ceci quand quelque chose ne va pas, quand je ne m'entends pas bien avec quelqu'un, quand une situation m'enlève les mots de la bouche. Quand j'enseigne en vain devant des étudiants distraits. Quand j'apostrophe quelqu'un par le mauvais prénom. Quand il y a une fuite d'eau dans le plafond du salon. Quand la maison est chaotique. Quand j'oublie mes tâches.

Il y a tellement de journées qui se passent loin de mon idéal. Je ne peux que prendre le meilleur de ces journées et laisser tomber mes attentes. Me connaissant et connaissant les circonstances, il est fort probable qu'elles n'étaient pas réalistes de toute façon.

On peut trouver de la beauté dans ce qui est. Si je prends le temps pour la chercher, je la trouve presque à tout coup. Honnêtement, ralentir ma course folle et me permettre d'en faire moins m'a beaucoup libéré.

MON DISCOURS INTÉRIEUR

- C'est correct de prendre mon temps.

- J'arrête ici, j'ai besoin d'une pause.

- J'aimerais dire oui, mais j'ai besoin de dire non. Je n'ai simplement pas les ressources pour le faire maintenant.

- C'est ainsi maintenant et c'est peut-être pour le mieux.

- Tu fais de ton mieux, n'abandonnes pas.

EXPLORE: C'EST AINSI POUR LE MOMENT ET C'EST BIEN

Peux-tu penser à une situation de ta vie dans laquelle tu as de la difficulté à accepter la réalité? Il y a-t-il quelque chose qui t'a toujours donné du fil à retordre et qui ne semble pas s'améliorer?

Imagine te dire que c'est correct, peu importe ce qui arrive, que tu sais que tu fais de ton mieux et que tu ne peux pas en faire plus. Permets-toi d'être qui tu es et de ressentir ce que tu ressens.

Dans cet exercice, je t'invite à écrire un message qui illustre la beauté qu'il y a dans ce qui est simplement.

EN CONCLUSION: UNE DERNIÈRE EXPLORATION

Je t'invite ici à prendre le temps d'écrire ou de dessiner tes impressions de ce chapitre. Qu'est-ce qui t'a inspiré? Qu'est-ce qui t'a dérangé? Qu'as-tu accepté? Que vas-tu changer dans ton discours intérieur? Peux-tu t'imaginer te dire que la vérité et la réalité des choses? Peux-tu

t'imaginer accepter ce qui est?

CHOISIS LE PROCHAIN CHAPITRE DE TON EXPLORATION

Dans le chapitre 5, tu as appris à te dire la vérité et à

l'accepter. Il y a quelque chose de beau dans ce qui est.

Tu peux maintenant choisir de continuer selon le chemin

que je propose et lire le chapitre 6. Ce prochain chapitre

parlera du courage.

C'est ta propre aventure. Tu peux également choisir de

passer à un chapitre différent et y rester pour un moment.

Va où ton inspiration te mène. Fais-toi confiance. Où

veux-tu aller?

Chapitre 6

Se mettre en selle et surmonter ses peurs
Ou choisir des mots de courage

Notre intention avec le sixième chapitre est de choisir des mots de courage.

C'est incroyable les choses qu'il peut nous arriver quand nous sommes poussés à avoir du courage. J'étais à l'extérieur de l'hôpital, effrayée d'entrer pour visiter mon père qui était très malade. Un ami m'a encouragé en me disant simplement *sois courageuse*. Ses mots m'ont fait refaire le plein de courage. Il ne m'a pas dit qu'il n'y avait pas de quoi avoir peur; il m'a dit que le courage m'aiderait à faire face à la situation. Je me sentais plus calme, plus encline à accepter les circonstances, plus en mesure de les gérer. J'ai relevé le menton et je suis entrée dans l'hôpital.

Je serai courageuse dans ces moments de ma vie en passant à travers avec le plus d'amour et de grâce dont je suis capable.

Avoir du courage ne veut pas dire ne pas avoir peur. Ça veut dire que nous ne laissons pas la peur nous empêcher de faire ce qui est bon ou ce que je suis appelé à faire. J'ai souvent entendu mes héros dire qu'ils avaient peur; ils suivent leurs instincts de toute manière.

MON HISTOIRE: SOIS COURAGEUSE ET LARGUE LES AMARRES POUR UNE PROMENADE EN MER

Un été, j'ai escaladé un chemin rocailleux et inégal jusqu'en haut d'une petite montagne qui a été un site spirituel durant des milliers d'années. Une église y a été érigée en l'an 800 et avant cette date, les païens escaladaient la montagne pour prier et invoquer la lune.

L'énergie là-bas est à couper le souffle et la vue sur la mer Méditerranée est splendide.

L'église se nomme Notre-Dame du Bon Port et elle est consacrée à veiller sur les pêcheurs locaux lorsqu'ils s'aventurent en mer. Elle est remplie de babioles qui rappellent la vie en mer, comme des bateaux en bois ou des peintures de bateaux au large. Les murs sont couverts de plaques. Certaines qui remercient les divinités d'avoir protégé les marins durant les tempêtes, d'autres, pour commémorer ceux qui ont eu le malheur de périr en mer.

Je me suis mise à penser à quel point on ne sait jamais comment notre journée se terminera. Quand ton bateau quitte le port, qu'arrivera-t-il ensuite? Est-ce que ce sera une journée ensoleillée? La pêche sera-t-elle bonne?

Seras-tu emporté au large par une tempête inattendue? Retrouveras-tu la grève par la suite ou en périras-tu?

J'ai connu mes tempêtes. Je me suis fait jeter par-dessus bord, j'ai pris des bouillons. Je me suis toujours comptée chanceuse d'en être ressortie vivante, même si c'était parfois par la peau des fesses. Je restais encrée au port pour un moment, attendant que l'énergie revienne et je repartais en mer. Restée amarrée au port n'est pas une vie pour moi. On dit qu'un bateau au port reste en sécurité, mais les bateaux n'ont jamais été construits pour ça et je m'accroche à cette croyance.

Je tente d'être plus sage quand vient le temps d'aller au large et je pense plus longuement aux raisons qui me poussent à le faire. Parfois, je reste au port quand la météo ne s'annonce pas clémente, ou je choisis un autre chemin. C'est appelé le discernement. Il y a des jours où je suis un marin d'expérience et rien ne me fait peur, il y en a d'autres où je galère et frappe des rochers.

En réalité, n'est-ce pas normal de rencontrer des orages ou des tempêtes quand on a eu le courage de quitter le port et de naviguer en mer? À la place de maudire le malheur, pourquoi ne pas être heureux et reconnaissant d'être passé à travers? Célèbre et sois fier que ce genre d'évènement te permette de grandir et d'acquérir des connaissances chaque fois que tu les traverses.

J'utilise mon discours intérieur pour m'aider à naviguer en mer, à me donner du courage et de l'aide, à aller là où ma voix intérieure me guide. Voici à quoi peut ressembler un discours intérieur encourageant:

MON DISCOURS INTÉRIEUR

- Tu peux le faire.

- Sois courageuse.

- La vie mérite d'être pleinement vécue.

- Tout va bien.

- Je suis ici, avec toi.

PAROLES BRILLANTES

«Par-dessus tout, sois le héros de ta vie, pas la victime.» ~

Nora Ephron

EXPLORE: CESSES DE TE RACONTER DES HISTOIRES

D'HORREUR

Quand je vivais seule, j'ai décidé de ne jamais regarder de

films d'horreur. Je me disais qu'une femme adulte vivant

seule dans une grande ville n'avait pas besoin d'un film

qui lui rappelle à quel point la vie peut faire peur. Je voulais me sentir confortable et en paix la nuit dans ma maison, ce qui veut dire être consciente des histoires que je décide de me raconter.

C'est la même chose avec le discours intérieur. Si tu veux garder l'esprit calme, te rappeler les histoires d'*horreur* qui se sont passées dans ta vie ou rejouer en boucle dans ta tête les drames que tu as vécus, ne va pas t'aider à y arriver. Ça ne va que faire revenir à la surface des choses que tu devrais laisser dans le passé.

Nous pouvons refuser de nous rappeler ces histoires de la même manière que nous refusons de regarder un film. Tu n'as qu'à ne pas appuyer sur le bouton de lecture. Quand tu te surprends à te rappeler des histoires ou des évènements, arrête immédiatement. Appuie sur le bouton d'arrêt. Tu ne gagnes rien à regarder un film qui te fait peur ou qui relève des conflits. Te rappeler ce genre d'histoires sans but ni raison précise, c'est te faire du mal.

Si tu es pour te raconter une histoire encore et encore, pourquoi ne pas te rappeler le meilleur jour de ta vie ou une personne aimable qui rend ta vie plus heureuse? Ton corps et ta tête vont te remercier.

Dans cette exploration, j'aimerais que tu penses à une histoire d'horreur que tu te racontes sans cesse. Quelle est cette histoire? Est-ce que ça te rend service de te la rappeler constamment? Peux-tu t'imaginer ranger ce film dans son boîtier et ne plus jamais le regarder?

Si tu as une histoire d'horreur, invente-lui un titre, écris-le et fais un trait dessus.

Maintenant, choisis une histoire joyeuse que tu peux te raconter à la place. Invente-lui également un titre.

À partir de maintenant, quand tu te surprends à te raconter une histoire qui fait peur, appuie sur le bouton d'arrêt et choisis l'histoire qui te rend heureux à la place.

UNE HISTOIRE QUI M'INSPIRE

Martine Rollin : je me suis dit: sois courageuse. C'était si important pour moi. C'était comme un rayon de soleil qui m'appelait.

Martine Rollin est une femme très courageuse. Même quand son monde lui paraissait très effrayant, elle l'affrontait du mieux qu'elle pouvait. La vie lui a mis plusieurs défis à travers sa route, mais face aux difficultés, elle va toujours de l'avant.

Durant plusieurs années, Martine gardait une garde-robe complète de vêtements Harley Davidson: bottes, gants, casques, vestes de cuir et même des verres fumés. Ils étaient les vestiges d'une relation maintenant terminée avec un homme qui faisait de la moto. Ils avaient fait de longs voyages ensemble, elle, à l'arrière de la moto lui tenant les épaules.

Un jour, elle est venue nous visiter en traînant avec elle tout son équipement pour faire un voyage de moto avec un ami. J'étais si surprise de voir son équipement. « *Je l'ai toujours gardé,* » nous a-t-elle dit. « *J'adore tellement être sur une moto, ça me rend heureuse. J'espère qu'un jour je rencontrerai à nouveau quelqu'un qui aime la moto.* »

« Pourquoi ne pas t'acheter ta propre moto? » lui demanda mon mari.

« Soudainement, c'était comme si un éclair me traversait la tête. En effet, pourquoi pas » m'a dit Martine un peu plus tard.

Encore là, elle devait surmonter sa peur. La peur de se lancer dans quelque chose de nouveau. La peur des répercussions financières qu'entraîneront l'achat d'une moto. La peur de faire de la route seule.

« Je me suis dit: sois courageuse. C'était si important pour moi. C'était comme un rayon de soleil qui m'appelait. »

Je suis heureuse de t'avertir que si tu vois une petite femme, les cheveux blonds dans le vent, conduisant une gigantesque Harley Davidson à pleine vitesse, un énorme sourire pendu à ses lèvres- peut-être es-tu en train d'apercevoir Martine. Son prochain test de courage? Elle veut piloter des avions Cessna.

MON HISTOIRE: ME TENIR COURAGEUSEMENT DANS MON PROPRE POUVOIR

Dans la grande forêt de Bowen Island, il y a un immense sapin Douglas âgé de 1000 ans qu'on a nommé Opa. Opa est un arbre très rare, gigantesque, majestueux, et fort. Je n'avais jamais vu quelque chose d'aussi impressionnant. Entourée de la présence d'Opa, je me suis sentie plus calme. Plus solide. Son pouvoir m'a inspiré. Je voulais lui ressembler: calme et puissante.

Pour moi, le pouvoir personnel se puise dans la façon dont j'agis avec moi-même, dans mes vérités, dans la manière dont je poursuis mon chemin avec courage, un jour à la fois. Il est dans mon authenticité, mon amour-propre, et l'acceptation de qui je suis. Finalement, il est dans l'effort que je mets à maintenir toutes ces choses.

 Psychology Today parle ainsi du pouvoir personnel:

Ce type de pouvoir représente une avancée vers la réalisation de soi et des buts de la vie d'une personne; son objectif principal est la maîtrise de soi et non celle des autres. Le pouvoir personnel est davantage une attitude ou une façon de penser qu'une manière de contrôler les autres. Ses fondements sont les compétences, les aspirations, les qualités positives et le service d'un individu.

L'un de mes professeurs m'a récemment appris que la perte du pouvoir personnel se produit à l'intérieur de quelqu'un. Quand nous nous rabaissons, quand nous sommes négatifs avec nous-même, notre pouvoir file hors de nous comme de l'air dans le trou d'un pneu. Ça arrive également quand nous laissons la peur s'emparer de nous. Comme une crevaison.

Je connais le sentiment de perdre son pouvoir, de le laisser partir. Ça m'arrive quand je me dis *tu n'es pas assez bonne.* Ces mots crèvent d'un coup ma chambre à air, ils me vident complètement. Je peux sentir mon pouvoir personnel et mon énergie quitter mon corps à l'instant même où je prononce ces mots. Soudain, je suis fatiguée, inquiète ou anxieuse. Je doute de chacun de mes pas. Je prends peur et je perds toute confiance en moi. Ces mots venant de mon intérieur me blessent plus que n'importe quoi qui peut m'arriver à l'extérieur. La perte du pouvoir personnel se produit vraiment à l'intérieur de nous.

Quand je sens mon pouvoir et mon énergie partir, je prends une pause pour refaire le plein. Je prends conscience des mots que je me disais pour changer ma conversation intérieure. Je choisis des mots qui me redonnent du courage et me font sentir forte et en contrôle.

MON DISCOURS INTÉRIEUR

- J'ai du pouvoir.

- Je suis assez bonne.

- Je marche à mes côtés, la tête haute.

- Sois courageuse.

- Sois forte.

EXPLORE: CRÉER UNE NOUVELLE ET COURAGEUSE VOIX DE SUPERHÉROS

Il ne tient qu'à toi pour développer une voix intérieure qui te dicte le courage. Cette voix peut s'enrichir et devenir très puissante. Elle t'aide à te sentir courageux et empêche la peur de te mettre des bâtons dans les roues.

C'est exactement ce que j'ai fait et ça a fonctionné à merveille. J'ai découvert et développé ma propre voix courageuse, mon propre superhéros intérieur; elle s'appelle Mama Elizabeth. Elle est la voix que j'écoute quand je sens monter la peur et quand j'ai besoin de soutien. Mama Élizabeth est une voix créative. Elle trouve des solutions, elle est résiliente et elle peut endurer presque n'importe quoi. Elle m'aime inconditionnellement et elle est brave. Je fais toujours appel à elle quand la peur commence à prendre contrôle de mes pensées. Je l'invite souvent et de mon plein gré à me parler. Ses paroles ressemblent à celles-ci :

- Tout va bien, je m'en charge.

- Je ne sais pas encore quelle est la solution à ton problème, mais je te promets que je vais la trouver.

- Détends-toi, je m'en occupe.

- Tout rentrera dans l'ordre.

- Ce n'est pas un problème pour moi.

C'est maintenant ton tour de te créer une voix de superhéros. La nouvelle voix que tu inventeras sera forte, favorable, courageuse et aimante. Au début, tu auras peut-être à l'appeler à te parler consciemment, mais avec du temps et de la pratique, ton superhéros deviendra une partie de ton monologue intérieur naturel.

Premièrement, dresse un portrait de son apparence. Tu peux l'imaginer totalement ou tu peux te référer à quelqu'un que tu connais; une personne populaire, un personnage de fiction qui t'inspire (livres, films, histoires n'importe quoi fonctionne.)

Écris trois qualités qu'a la personne courageuse que tu as en tête.

Maintenant, donne un nom à ton superhéros intérieur.

Qu'est-ce que ce superhéros pourrait te dire pour te donner du courage?

PAROLES BRILLANTES

«Grandir et devenir qui tu es vraiment demande du courage. » ~E.E. Cummings

EN CONCLUSION: UNE DERNIÈRE EXPLORATION

Je t'invite ici à prendre le temps d'écrire ou de dessiner tes impressions de ce chapitre. Qu'est-ce qui t'a inspiré? Qu'est-ce qui t'a dérangé? Qu'as-tu accepté? Que vas-tu

changer dans ton discours intérieur? Peux-tu t'imaginer te

parler avec une voix et des mots courageux?

CHOISIS LE PROCHAIN CHAPITRE DE TON EXPLORATION

Dans le chapitre 6, tu as pris du temps pour te dire des mots courageux.

Tu peux maintenant choisir de continuer selon le chemin que je propose et lire le chapitre 7. Ce prochain chapitre parlera de guérison et de bien-être.

C'est ta propre aventure. Tu peux également choisir de passer à un chapitre différent et y rester pour un moment. Va où ton inspiration te mène. Fais-toi confiance. Où veux-tu aller?

Chapitre 7

Assure d'abord ton propre masque à oxygène

Ou choisir des mots de guérison et de bien-être personnel

Le chapitre 7 vise à te fournir des moyens pour avoir un monologue intérieur de guérison et de bien-être.

Tu ne fais qu'un avec toi-même. Ton corps et ton esprit sont interreliés. Ce que tu choisis de te dire à voix basse a des conséquences sur ta santé, ton bien-être et tes capacités de guérison. Tout ce que tu te dis, que ce soit positif ou négatif, aidant ou nuisible, parcours ton corps et influence chacune de tes cellules. Le docteur Candace Pert appel ce phénomène le système de l'esprit et du corps.

Le docteur Pert a découvert les neuropeptides; les molécules messagères. Elle affirme que ton cerveau transmet tout ce qu'il entend, ce qui fait des émotions des molécules messagères. Chacune de ces molécules transporte un message heureux ou malheureux.

Par exemple, si mon discours intérieur me répète qu'il est impossible de m'aimer, une molécule au message malheureux se façonne. Elle voyagera dans mon corps en entier. Quand mes cellules recevront ce message, elles peuvent cesser de fonctionner correctement et affecter mon système immunitaire. Par contre, l'inverse est également possible. Si mes cellules reçoivent un message heureux, elles gagnent en santé et en performance.

Prête attention à ce que tu te dis à voix basse, parce que ton corps et ton esprit entendent tout.

MON HISTOIRE : UNE DOULEUR AU COU

Mon cou a été courbaturé pendant plusieurs jours. J'avais de la difficulté à bouger et ça me donnait d'affreux maux de tête. J'étais inconfortable et pressée de m'en débarrasser. J'ai consulté un chiropraticien et un massothérapeute, j'ai fait des exercices, appliqué de la chaleur, gobé des Advil… Je ne voulais plus avoir mal.

Cette douleur revient tous les mois quand je suis anxieuse ou stressée, mais cette fois, je me suis posé des questions. Quel message mon corps essayait-il de me transmettre? Qu'est-ce qui me donne cette affreuse douleur au cou?

Ton corps communique avec toi. C'est un excellent messager. Il te fait mal pour te signaler que quelque chose ne va pas, que tu dois agir pour régler le problème. Il a besoin d'une grande écoute.

Mon chiropraticien est le docteur Andrew Chin. Il m'a *débloqué* très souvent. Andrew à l'habitude de traiter les patients qui se plaignent de douleurs. Ceux qui fixent un rendez-vous quand cette douleur ne fait que commencer sont beaucoup plus faciles à soigner que ceux qui tentent d'ignorer la douleur. « *Ton corps est en train de te dire que quelque chose ne va pas,* » me disait Andrew. « *C'est toujours une bonne idée de l'écouter.* » C'est alors que j'ai commencé à penser que cette douleur au cou pourrait n'être qu'un cadeau de mon corps.

L'auteure québécoise et experte du bien-être, Nicole Bordeleau, appelle ce genre de douleur des cadeaux qui sont très mal emballés. Ils sont parfois les meilleurs cadeaux qu'on peut recevoir, même si nous n'aimons pas ce qu'ils nous font ressentir. Nous n'aimons pas penser au travail intérieur profond qu'ils nous appellent à faire.

Avant, j'appelais ce genre de cadeaux, des cadeaux empoisonnés, mais je commence tout juste à croire qu'ils le sont beaucoup moins que je ne le pensais. Combien de fois ai-je repensé à un moment douloureux de ma vie en me disant : une chance que s'est arrivé ?

Un messager cogne avec délicatesse sur la porte pour nous dire ce qu'il a à transmettre. Si tu n'ouvres pas la porte, il frappe de plus en plus fort. Le messager ne s'en ira pas avant d'avoir livré son message, même s'il doit défoncer la porte pour avoir ton attention. Alors je t'écoute, cou, quel est ton message pour moi? Tu n'auras pas à défoncer ma porte, je suis prête à t'écouter, je suis prête à prendre soin de toi.

MON DISCOURS INTÉRIEUR

- Qu'est-ce qui peut se passer en ce moment dans ma vie pour que je ressente cette douleur physique?

- De quoi ai-je besoin?

- Que dois-je guérir?

- Que dois-je aimer?

- Vers quoi dois-je orienter mon attention?

EXPLORE: QU'EST-CE QUE TON CORPS ESSAYE DE TE DIRE?

Ton corps est sage, il fait toujours de son mieux et est en permanente discussion avec toi.

Commençons par prendre contact avec notre corps. Assieds-toi confortablement avec tes deux pieds solidement ancrés au sol. Prends de lentes et profondes inspirations. Vide-toi complètement de ton air. Prends une autre lente inspiration. Expire profondément. Prête attention à ce qu'il se passe à l'intérieur de ton corps. Continue à respirer profondément. Reste à l'intérieur de ton corps.

Quel message ton corps essaye de te communiquer? Depuis combien de temps essaye-t-il de te dire la même chose? Ce message t'est communiqué pour t'inciter à te donner plus d'amour et d'attention. Acceptes-tu ce que ton corps te dit de faire?

PAROLES BRILLANTES

«La méditation démontre scientifiquement que le corps entre en phase de relaxation et donc, de ce fait, presque toutes les fonctions vitales gagnent en performance.» ~ Docteure Lissa Rankin

UNE HISTOIRE QUI M'INSPIRE

Les mots que j'utilise pour me parler ont énormément d'énergie. –Donna-Lynne Larson.

Donna-Lynne Larson est la directrice, productrice et auteure d'un documentaire inspirant ayant pour titre *Walk Talk Dance Sing: the movie about thyroid disease.* L'essence du film est de démontrer que refuser d'être ce que nous sommes et négliger de vivre dans la joie peut littéralement nous enlever la force nécessaire pour vivre. Pour Donna-Lynne, vivre dans le bien-être c'est marcher, parler, danser et chanter, autant à leur sens propre qu'à leur sens figuré.

La première partie du film met en scène des entrevues avec des patients atteints de maladies de la glande thyroïde. Nous prenons vite conscience de l'horreur d'une telle condition.

Le documentaire prend ensuite une tout autre avenue pour parler du processus de guérison qui se cache dans l'acceptation et la connexion avec qui nous sommes vraiment. L'auteure montre avec légèreté la magie qui opère sur notre corps et notre esprit quand nous prenons le temps de marcher, de parler, de danser et de chanter. C'est une célébration à l'acceptation et à l'honneur de soi. *« Je me concentre sur ce qui est bon pour moi. J'apprends de plus en plus à écouter mon corps. J'ai confiance en lui et en ses capacités à me dire tout ce que je devrais savoir. Quand j'ai commencé à m'écouter, je me suis sentie plus forte. Je pouvais enfin avoir des réponses à mes problèmes que seulement moi pouvait savoir, »* témoigne Donna-Lynne.

Le film est également le témoignage du parcours de Donna-Lynne et de sa maladie; de la façon dont elle a retrouvé sa vitalité et sa santé. « *Avant, je cherchais mes réponses à l'extérieur de moi-même alors qu'elles ne pouvaient provenir de là. Rien n'allait changer pour moi tant que je me considérais comme une victime. J'ai donc modifié mon discours intérieur. Les mots que j'utilise pour me parler ont énormément d'énergie. Ils affectent mes comportements. Être conscient de soi, c'est la clé,* » explique Donna-Lynne.

MON HISTOIRE: IL N'Y A PAS DE MEILLEUR MOMENT POUR S'OCCUPER DE SOI QUE MAINTENANT

J'ai entendu à la radio une chanson française de Sandrine Kiberlain qui disait s'occuper d'elle en se faisant couler un bain, en s'envoyant des fleurs, et en gardant le cap de son discours intérieur. Magnifique! J'ai adoré la façon dont elle se donne la permission de prendre du temps pour elle. Elle a créé un moment, un endroit où elle pouvait se détendre et reconnecter avec sa propre histoire afin de se donner les soins dont elle a le plus besoin.

Mon ami David Holtzman m'a dit qu'avant, quand il était très occupé et tendu, il se disait de tenir bon et de passer au travers de ces moments pour pouvoir ensuite se détendre. Puis, il s'est aperçu qu'il perdait sa vie en se projetant constamment dans le futur. Souhaitant changer les choses, il a commencé à se donner le temps de se détendre et d'apprécier la vie qu'il avait.

Ce qu'il m'a dit m'a vraiment ouvert les yeux, puisque j'ai souvent ce genre de discours intérieur:

- Une fois ceci terminé, je pourrai…

- Ne fais que passer à travers cette semaine et ensuite…

- Je n'ai pas le temps de me reposer, plus tard quand…

Le type et la quantité de soins dont j'ai besoin dépendent de l'endroit où je me situe dans ma vie. Quand il y a des complications, quand je m'occupe d'autres personnes ou quand j'ai des douleurs, j'ai besoin de m'occuper davantage de moi-même. Quand ma vie évolue en douceur, j'ai besoin d'un différent type de soins qui se rapproche de l'équilibre. Peu importe les jours, les soins que je me donne varient: boire beaucoup d'eau, jouer, danser, marcher, faire du yoga, nager, manger des aliments nutritifs et délicieux qui me donnent de l'énergie, dire non, rire, aller chez l'acupuncteur, me faire masser, exprimer ma gratitude, faire mes pratiques spirituelles, écrire dans mon journal, prendre un bain chaud…

Un type de soins que j'applique dans ma vie de tous les jours, c'est de calmer mon système nerveux. Je médite, je respire profondément et je prends le temps de me ressourcer et de me recentrer quand je commence à être anxieuse. Mon système nerveux peut alors se détendre et cela a un impact direct sur ma vie et mon bien-être.

Certains disent même que s'occuper de soi n'est pas un but mais une obligation morale. Je n'irai pas dans les détails pour décrire toutes les fois où je me suis fait du mal en me négligeant. Dire que se négliger n'amène jamais rien de bon suffit. Prendre du temps pour le plaisir, le rire, la joie, le bien-être et la relaxation; inclure tout ça dans notre mode de vie, c'est s'occuper de soi-même.

David a été le premier à me montrer l'importance d'un tel mode de vie. Il trouvait l'occasion de rire presque n'importe quand.

C'est une bonne chose que David n'a pas attendu pour vivre sa vie, puisqu'elle s'est avérée être écourtée. Il est mort soudainement il y a quelques années. Je m'ennuie encore de lui.

Mon discours intérieur me guide et me rappelle que je mérite d'être bien, pas seulement pour moi, mais aussi pour ceux qui m'entourent, m'aiment et dépendent de mon bien-être. Quand je vais bien et que je vis dans le présent, j'ai plus d'énergie et de joie à partager. Avec mon discours intérieur, je me donne la permission de m'occuper de moi et de mon bien-être.

MON DISCOURS INTÉRIEUR

- Je m'aime donc je m'occupe de moi.

- Je prends le temps de me construire une vie qui m'apporte du bien-être.

- Je prends bien soin de moi.

- Mon corps se guérit seul, de façon naturelle.

- Je fais des choix qui améliorent ma santé.

EXPLORE: LE DISCOURS INTÉRIEUR ET LE BIEN-ÊTRE

Dans cette exploration, tu te diras que les capacités de guérison de ton corps sont merveilleuses et que tu te soucies de ton bien-être.

Voici une partie de moi qui est en train de guérir et dont je me soucie:

Voici toutes les parties de moi qui sont vibrantes, fortes et en santé:

Voici quelques manières dont je prends soin de moi et de mon bien-être:

Voici les façons que j'utilise pour me rendre joyeux:

Voici comment je m'occupe de moi quand je suis anxieux:

PAROLES BRILLANTES:

« Je me suis rendu compte que m'occuper de moi n'est pas être indulgent envers moi-même. M'occuper de moi est un acte de survie. » ~ Audre Lorde

EN CONCLUSION: UNE DERNIÈRE EXPLORATION

Je t'invite ici à prendre le temps d'écrire ou de dessiner tes impressions de ce chapitre. Qu'est-ce qui t'a inspiré? Qu'est-ce qui t'a dérangé? Qu'as-tu accepté? Que vas-tu changer dans ton discours intérieur? Peux-tu t'imaginer te parler avec une voix et des mots de guérison et de bien-être?

CHOISIS LE PROCHAIN CHAPITRE DE TON EXPLORATION

Dans le chapitre 7, tu as pris du temps pour te dire des mots de guérison, de bien-être et de soins personnels.

Tu peux maintenant choisir de continuer selon le chemin que je propose et lire le chapitre 8. Ce prochain chapitre parlera du discours intérieur comme phare, comme façon de te guider. C'est ta propre aventure. Tu peux également choisir de passer à un chapitre différent et y rester pour un moment. Va où ton inspiration te mène. Fais-toi confiance. Où veux-tu aller?

Chapitre 8

Deviens ton propre phare

Ou choisir des mots qui te guideront

Le chapitre 8 t'aidera à prendre le temps de choisir un monologue intérieur qui te guidera.

Nous cherchons souvent notre inspiration chez les autres. Nous recherchons constamment l'encouragement de nos pairs ou simplement une petite tape dans le dos qui nous montrera comment faire. J'ai eu la chance d'avoir d'excellents enseignants qui m'ont guidée quand j'en avais le plus besoin ou quand j'étais dans une situation difficile. Certains m'ont littéralement enseigné, d'autres m'ont inspirée à travers leurs livres ou leurs discours. Nous pouvons également tenir ce rôle de guide pour nous-mêmes grâce à notre discours intérieur. Nous pouvons être notre propre phare et nous montrer quelle direction prendre. Tu peux éclairer ton chemin dans des moments difficiles de ta vie au même titre que tu peux diriger ta vie dans le sens qui te convient le mieux.

Le but est d'aborder un discours qui te guidera et qui t'aidera à aller là où tu le veux; à devenir la personne que tu souhaites être.

MON HISTOIRE: ÊTRE MON PROPRE CHEF

Quand ma fille n'était qu'une nouveau-née, elle se réveillait souvent durant la nuit. C'est bien normal au début, mais avec le temps, elle dormait de moins en moins. Alors qu'elle se réveillait chaque heure, j'ai compris que la situation était problématique. J'étais moi-même privée de sommeil et c'en était rendu dangereux. Arrivée au bout du rouleau, j'ai même oublié, une fois, dans les vapes, d'enclencher le frein à main. Ma voiture a lentement dévalé la côte pour détruire la nouvelle BMW de mes voisins. (Une chance que personne n'a été blessée!)

J'ai lu tous les livres sur le sujet et suivi tous les conseils des autres mères. Rien ne marchait. Un jour, je me sentais impuissante et découragée, le menton bas, épuisée d'une autre nuit blanche. J'avais envie d'abandonner.

Et puis soudainement, je me suis dit: *j'ai besoin de savoir où je m'en vais, j'ai besoin de leadership. Quelqu'un doit nous guider hors de cette situation!* J'ai relevé la tête. Je suis devenue mon propre guide. J'ai décidé de regarder vers où je voulais aller plutôt que de me concentrer sur où je ne voulais pas être. *Je me charge de tout. Ne t'inquiète pas. Je vais trouver une solution. Bientôt, tout le monde pourra dormir en paix.*

J'ai ensuite pris le temps de connaître l'endroit où je voulais aller et avec quels plans j'allais y arriver. *Nous avons tous besoin de dormir. Nous allons trouver une solution qui fonctionnera pour nous tous et tout sera réglé!* Puis, j'ai lâché prise, sûre que j'allais trouver cette solution miracle.

C'était exactement le genre d'encouragement dont j'avais besoin ce jour-là. Pleine d'énergie, j'ai mis la main sur un livre qui contenait toutes les informations dont j'avais besoin, et j'ai consulté un thérapeute pour enfants. Ce n'était qu'une question de temps avant que tout le monde puisse dormir enfin.

MON DISCOURS INTÉRIEUR

- Tu peux le faire.

- Je prends mes responsabilités en main. Je m'en charge.

- Tu as réglé de bien plus gros problèmes dans le passé. Tu peux régler celui-ci.

- Repose-toi le plus possible pour l'instant. Vis simplement jusqu'à ce que les choses rentrent dans l'ordre.

- Je sais que nous trouverons une solution.

EXPLORE : LE *BRIEFING*

Quand je dirigeais une agence médiatique, mes clients me demandaient de trouver des solutions à tous leurs problèmes, qu'ils soient gros ou petits. Je devais en plus trouver des idées créatives pour des campagnes médiatiques. Souvent, je ne savais pas par où commencer.

Je commençais par me faire un *briefing,* comme un bon guide ferait. Ensuite, je devais avoir confiance en moi pour trouver une solution ou une idée.

Voici la manière dont je m'y étais prise:

J'analysais tous les détails d'un client ou d'une campagne comme si je devais les expliquer à quelqu'un d'autre. Puis, je me disais, littéralement, que je cherchais une solution ou une idée. Ensuite, je lâchais prise et j'allais faire autre chose. Sans avertir, dans la douche, en marchant ou en nageant, boom! Ce que je cherchais venait me trouver. Je l'écrivais rapidement parce qu'une même idée ne revient jamais deux fois.

Lâcher prise est un élément clé du processus parce que la partie du cerveau qui travaille pour trouver la solution nécessite du temps pour analyser la situation. Elle travaille selon son propre horaire et n'y arrive pas si quelque chose vient forcer sa façon de faire.

Veux-tu essayer?

Commence par te faire un *briefing*. Rappelle-toi tous les détails d'une situation particulière, n'oublie rien et n'assume pas que tu le sais déjà. Essaye de rester positif et objectif. Informe-toi du qui, du quoi, du où, du quand et du Pourquoi.

Ensuite, demande-toi, clairement, de trouver une solution ou une idée. Dis-toi que c'est ton devoir. *Je cherche une solution pour :...*

Maintenant, lâche prise. C'est très important. Fais autre chose. Aie confiance en toi. Laisse le processus arriver à ses fins.

PAROLES BRILLANTES

«Accepte ta lumière et laisse-là briller pour que tu puisses devenir ton propre phare lors d'une nuit orageuse.» ~ Pauline Duncan-Thrasher

UNE HISTOIRE QUI M'INSPIRE

Marie-Josephine Pon-An – *Par des jours difficiles, je me disais qu'ils allaient passer. Je n'allais pas laisser un discours négatif m'arrêter.*

Marie-Josephine Pon-An avait toutes les raisons pour ne pas retourner à l'école et commencer une nouvelle carrière. Ses économies n'étaient pas suffisantes. Sa famille, venant des Philippines, venait tout juste d'immigrer au pays et elle avait besoin de temps pour s'accommoder. Elle était dans la fleur de l'âge et se demandait s'il n'était pas trop tard.

Toutes ces raisons seraient bien assez pour décourager n'importe qui, qui souhaiterait entreprendre une nouvelle carrière, mais Marie avait un rêve. Depuis sa tendre enfance, elle ne souhaitait que devenir chef cuisinière. Elle a décidé de se lancer dans l'accomplissement de son rêve, même si rien n'était encore en sa faveur.

« Je voulais vraiment y arriver pour une question d'accomplissement de soi. Je voulais être pour mes enfants un exemple d'effort et de réussite. Je me suis dit que j'avais le pouvoir de changer ma vie et que je pouvais y arriver, » confie Marie.

Faire des choix a été la première étape de son parcours difficile. Le chemin n'était pas sans embûche. Ses heures de cours étaient interminables et elle devait travailler le matin pour gagner sa vie. C'était demandant physiquement de se tenir debout durant des heures dans la cuisine. Elle était souvent épuisée et en manque de sommeil, puisqu'elle devait en plus s'occuper de sa famille. Parfois, elle se demandait si ça en valait la peine.

À chacune de ses hésitations, elle se disait qu'elle y arriverait; qu'elle pouvait supporter tous ces obstacles; que sa vie deviendrait plus facile à gérer. Elle s'est également interdit d'avoir un discours intérieur négatif. *« Par des jours difficiles, je me disais qu'ils allaient passer. Je n'allais pas laisser un discours négatif m'arrêter. »*

Elle s'est aussi servie d'une technique de visualisation. Elle se voyait escalader une montagne. Elle gravait les échelons un pas à la fois, se disant qu'un jour ou l'autre, elle arriverait au sommet. Elle se parlait positivement durant toute son aventure. Elle y arriverait, elle n'avait qu'à continuer de grimper.

Un jour, elle y est arrivée. Au sommet. Marie travaille maintenant dans une cuisine où elle prépare des tartes délicieuses. Elle est heureuse. « *Je suis si contente et fière de moi.* »

Être ton propre encouragement est un cadeau que seul toi peux t'offrir alors que tu essayes d'atteindre le sommet de ta montagne. Les histoires comme celle de Marie m'inspirent grandement, car elle montre du courage, du travail acharné, de la détermination et une vision de l'avenir. Elles m'encouragent à continuer et à atteindre mes objectifs. La route pour devenir la personne que nous voulons être n'est jamais facile. Un discours intérieur positif et une technique de visualisation sont des atouts puissants pour rendre l'ascension moins pénible.

MON HISTOIRE: UNE SAISON POUR TOUT

Quand j'ai quitté le Japon après y avoir habité durant cinq ans, j'étais triste de devoir dire au revoir aux cerisiers. J'en suis devenue amoureuse au premier regard et depuis, je n'ai d'yeux que pour eux. J'ai pris goût à cette tradition de m'asseoir sous un arbre, regarder les pétales tomber et profiter de la compagnie de mes amis et collègues.

Les cerisiers sont plus qu'une fête annuelle au Japon, ils sont aussi un symbole que les habitants appellent *mono no aware* ou la fugacité des choses de la vie. Ils représentent le caractère éphémère de toutes choses; il y a un temps pour tout; tout vient et va et disparaît.

Quand j'ai quitté le Japon, je pensais ne plus jamais revoir de cerisiers. Quand le printemps est arrivé, je me suis plainte de ne pas voir les pétales cette année-là. À ma grande surprise, je me suis rendu compte que j'habitais sur une rue bordée de cerisiers, dans une ville pleine de cerisiers. Je ne le savais pas, puisque le reste de l'année, les cerisiers ne sont pas différents des autres arbres. Puis, soudainement, durant 14 jours, ils explosent délicatement, leurs pétales virevoltant au vent comme une pluie rose. Pour une petite période de temps, les cerisiers attirent l'attention de tout le monde et provoquent un sentiment de légèreté et de joie chez ceux qui les observent. Le reste de l'année, ils se tiennent droits, perdent leurs feuilles et se confondent avec les autres arbres.

Ne sommes-nous pas tous un peu comme eux? Les cerisiers me rappellent qu'il y a une saison pour tout. Parfois, c'est notre moment d'exploser, alors que d'autres fois, c'est notre moment de se reposer, guérir, reprendre de l'énergie et se recentrer sur soi. Tu ne peux pas fleurir à longueur d'année. Tu ne peux pas tout le temps te démener, construire ta vie, tout le temps essayer de tout faire ou d'aller partout. Il y a des moments où nous devons laisser partir de vieilles pensées, de vieilles façons d'être, de vieilles habitudes qui ne nous sont plus utiles. Il y a des moments où nous devons guérir et nous reposer. Il y a des moments où nous devons plonger en soi, aller aux sources et trouver un sens là.

Tu peux te guider avec ton discours intérieur. Tu peux t'aider à comprendre où tu es rendu dans ton parcours et de quoi tu as le plus besoin pour avancer. Tu peux être ton propre phare. Plutôt que de te battre contre ce que la vie met au travers de ta route surtout si ce sont des obstacles nuisibles que dirais-tu de suivre le courant et les saisons de ta vie? Et si tu faisais confiance au parcours de ta propre vie?

MON DISCOURS INTÉRIEUR

- Qu'y a-t-il dans ma vie, présentement, qui requiert mon attention?

- Qu'y a-t-il de bon à voir dans la situation dans laquelle je suis?

- Qu'y a-t-il à faire en ce moment?

- Que dois-je laisser aller en ce moment?

- Comment je peux me guider moi-même?

EXPLORE: LE POUVOIR DE L'INTENTION

Tout ce que nous créons dans notre vie commence avec une intention.

Les intentions sont des puissants moyens de communication avec soi. Elles permettent à notre être au complet de savoir où nous voulons aller. Nous devenons nos propres guides lorsque nous commençons notre journée avec une intention.

Si tu te sens inspiré, je t'invite à prendre quelques minutes pour penser à tes intentions les plus chères. Celles qui t'aideront à créer la vie que tu veux ou à connecter avec la personne que tu es vraiment. Tu peux te concentrer sur n'importe quelle facette de ta vie. Qu'est-ce qui t'importe en ce moment? Veux-tu créer? Veux-tu changer quelque chose?

- Voici ce que je crée dans ma vie:

- Voici la personne que je veux être:

- Voici ce que je veux ressentir:

- Voici ce qui ne m'apporte plus de bien-être et que je suis prêt à laisser partir:

- Sens-toi libre d'écrire toutes les intentions qui te semblent importantes en ce moment.

« Suivre son guide intérieur peut paraître risqué et dangereux au départ, puisque nous sortons de notre zone de confort. Nous ne faisons plus ce que nous *devons* faire, nous ne faisons plus les choses pour les autres, nous ne suivons plus les règles ni l'autorité. » ~ Shakti Gawain

EN CONCLUSION: UNE DERNIÈRE EXPLORATION

Je t'invite ici à prendre le temps d'écrire ou de dessiner tes impressions de ce chapitre. Qu'est-ce qui t'a inspiré? Qu'est-ce qui t'a dérangé? Qu'as-tu accepté? Que vas-tu changer dans ton discours intérieur? Peux-tu devenir ton propre phare et utiliser des mots qui te guideront?

CHOISIS LE PROCHAIN CHAPITRE DE TON EXPLORATION

C'est merveilleux maintenant que tu arrives à te parler avec des mots qui te montrent le chemin.

Tu peux maintenant choisir de continuer selon le chemin que je propose et lire le chapitre 9. Ce prochain chapitre parlera du discours intérieur qui te protège, même contre ta propre négativité.

C'est ta propre aventure. Tu peux également choisir de passer à un chapitre différent et y rester pour un moment. Va où ton inspiration te mène. Fais-toi confiance. Où veux-tu aller?

Chapitre 9

Garde-toi en sécurité, même si tu dois te protéger de toi-même

Ou choisir des mots sécurisants

Le but du chapitre 9 est de se recentrer pour s'aider à choisir des mots sécurisants.

Qu'est-ce qu'implique grandir, prendre de l'âge et devenir un adulte? C'est gagner en maturité afin que ça soit avec toi que les mauvaises choses s'arrêtent. Maturité veut aussi dire, prospérité, floraison, développement et croissance.

En tant qu'adultes, nous devenons protecteurs de ceux que nous aimons et de tout ce que nous honorons. Nous les protégeons des autres ou de situations dangereuses, faisant la même chose pour nous-mêmes. Cela veut également dire une protection contre notre propre discours intérieur qui peut parfois être cruel ou très critique. En choisissant des mots sécurisants, tu te sentiras protégé.

MON HISTOIRE: UNE PROTECTION CONTRE MON INTIMIDATEUR INTÉRIEUR

J'ai entretenu une conversation avec une femme que j'avais connue à l'université alors que j'étais triste et vulnérable. J'avais récemment souffert d'une fausse couche et je ne me sentais pas bien du tout. Je lui ai fait part de mes problèmes quand elle a appelé. Elle n'a pas du tout considéré mes émotions et elle s'est fait un plaisir de me rappeler toutes les erreurs que j'avais commises dans mes relations antérieures. Elle tournait tout à la blague comme elle l'avait toujours fait, mais ce jour-là, je savais qu'elle pensait ce qu'elle disait. Si j'étais déprimée avant de lui avoir parlé, ce n'était rien comparé à ce que j'ai ressenti après. C'était comme si elle m'avait poussé plus proche du ravin dans lequel je regardais déjà.

Ce qui était pire que ses mots, était que je ne me suis pas défendue et même pire; j'étais en accord avec elle. Mon intimidateur intérieur était atteint par ce qu'elle me disait. Alors que je ne me défendais pas devant elle, j'ai laissé mon intimidateur intérieur me frapper davantage. J'ai commencé à me dire des choses terribles. *Elle a raison. J'ai fait tellement d'erreurs dans ma vie. C'est de ma faute. Je mérite ce qu'il m'arrive. Je ne mérite pas d'être heureuse. Je ne mérite pas d'être une mère. Quelque chose ne va pas avec moi, et je ne peux pas avoir ce que les autres ont.*

Alors que j'avais désespérément besoin de compassion et de gentillesse, j'étais cruelle et sans merci avec moi-même. J'ai laissé mon intimidateur intérieur me déjouer. Je ne me suis aucunement défendue.

Maintenant que je connais les impacts de mon discours intérieur, quand je commence à entendre mon intimidateur intérieur, je suis en mesure de l'arrêter. Je ne l'écoute pas. Je me défends et je me protège. Je choisis des mots qui m'apportent de la sécurité et de l'amour.

MON DISCOURS INTÉRIEUR

- Ce que tu dis n'est pas vrai et je ne te crois pas.

- C'est assez.

- Je sais que je suis une bonne personne.

- Arrête, je sais que tu mens.

- Je ne t'écouterai plus dorénavant.

EXPLORE: LE CERCLE DE PROTECTION

Je t'invite maintenant à te défendre et à te protéger de ton intimidateur intérieur en créant un cercle de protection autour de ton cœur.

Dessine un cœur. Puis, dessine un cercle de protection autour de ce cœur. Imagine qu'il ne laisse entrer que l'amour et empêche les mots cruels et négatifs d'affecter ton monologue intérieur. Ils ne peuvent pas attaquer ton cœur.

À l'extérieur du cercle de protection, avec de très petites lettres, écris une parole que ton intimidateur te dit. Puis, barre-le. À l'intérieur du cercle de protection, écris un message d'amour et de sécurité pour prouver que ce que ton intimidateur te dit, c'est faux.

PAROLES BRILLANTES

« Je crois que chacun de nous devrait se soucier de leur bien-être et venir à leur propre secours à n'importe quel moment. » ~ Maya Angelou

UNE HISTOIRE QUI M'INSPIRE

Leslie Matheson: grâce à ce genre de monologue intérieur, j'ai été en mesure de me réconforter.

C'est généralement ainsi que ça se déroulait quand l'intimidateur intérieur de Leslie Matheson l'inondait de négativité. Une nuit, Leslie était seule dans une chambre d'hôtel d'une ville étrange. Le jour suivant, elle devait commencer une nouvelle carrière dans l'industrie vinicole. Plutôt que d'être fébrile et heureuse alors qu'elle réalisait son rêve, elle était très anxieuse. Couchée dans son lit, elle écoutait son intimidateur intérieur lui énumérer tout ce qui pouvait mal se passer. Il la rabaissait en lui disant qu'elle n'y arriverait jamais. *Tu n'as pas ta place ici. Tu ne sais pas ce que tu fais. Tu n'es pas assez bonne. C'est beaucoup trop risqué. Tu perdras ta maison. Tu vivras dans la rue. Tu ne réussiras pas.* À la fin de cet affreux discours, elle était tellement convaincue qu'elle commençait à avoir des spasmes à cause du stress.

Voici comment elle décrit cette situation:

Cet épisode m'a fait découvrir les horreurs d'un discours intérieur négatif ainsi que la façon dont mon corps réagit à cette négativité. À partir de ce moment, mon discours intérieur est devenu beaucoup plus positif et rassurant : du support, de la gentillesse, de l'amour et de l'affection. Rien de négatif ne peut s'emparer de moi quand je me parle de cette manière.

Maintenant, quand son intimidateur intérieur refait surface et tente de ruiner sa journée, Leslie le confronte.

L'autre jour, mon intimidateur m'a dit quelque chose de tellement cruel et dégradant, j'étais saisie. Plutôt que de l'écouter comme avant, je lui ai dit d'arrêter, je l'ai confronté. Rien de ce qu'il disait n'était vrai, je suis une bonne personne. Grâce à ce genre de discours intérieur, j'arrive à me réconforter.

PAROLES BRILLANTES

« Prendre soin de l'enfant en soi a un impact puissant et surprenant: fais-le et cet enfant guérira. » ~ Martha Beck

MON HISTOIRE : PRENDRE SOIN DE L'ENFANT EN MOI

Quand je n'avais que neuf ans, un voisin de ma grand-mère a tenté de m'agresser sexuellement. J'étais dans la ferme d'un ami, je nourrissais les poules et il s'est approché de moi, les pantalons baissés. Je suis arrivée à le frapper avec un sceau et j'ai pu m'enfuir. J'ai couru comme je n'avais jamais couru avant jusqu'à la maison de ma grand-mère au bout de la route. Quand je suis entrée, ma famille dînait à la table. Je n'ai rien dit à personne. J'étais trop embarrassée. Je n'avais pas assez confiance en personne pour croire qu'ils allaient m'aider. Je me suis simplement assise à la table et j'ai pleuré.

J'ai été très chanceuse d'avoir pu m'enfuir. Quelques années plus tard, l'homme a été arrêté et mis en prison pour avoir agressé d'autres enfants. Je suis consciente de la chance que j'ai eue, je sais que j'aurais pu avoir vécu quelque chose de bien pire. Par contre, ma vie en est encore affectée. Je sais qu'en moi cette petite fille de neuf ans vit encore dans la peur. J'ai essayé de la terrer profondément, mais elle est toujours là, quelque part. Comme si le temps pour elle était figée.

Certains mots qu'elle s'est dits cette journée-là résonnent encore en moi. Parfois ce ne sont que des chuchotements, d'autres fois elle hurle. Elle se dit que le monde est effrayant. Elle pense qu'elle ne peut avoir confiance qu'en elle-même. Elle dit qu'elle n'est pas en sécurité. Quand je suis anxieuse ou apeurée, c'est un signe que l'enfant en moi l'est aussi.

J'ai toujours cru que grandir et devenir une adulte voulait dire me débarrasser de l'enfant en moi. Mais j'ai eu tort. Être un adulte veut aussi dire s'occuper de cet enfant et la protéger avec force et gentillesse. Maintenant que je sais qu'elle est toujours là, je peux lui donner ce dont elle avait besoin ce jour-là: de la protection et de l'amour. Elle peut me faire confiance, une femme puissante qui est sa protectrice, son alliée et son parent.

Je ne peux pas effacer ce qui lui est arrivé, mais je peux lui tenir la main, la prendre dans mes bras et lui parler doucement. Je la réconforte quand elle en a besoin. Elle se sent alors de plus en plus calme.

Mon discours intérieur pour l'enfant en moi :

- Tu es en sécurité.

- Je t'aime.

- Tu as ta place ici.

- Je t'aimerai toujours et je serai toujours là pour toi.

- Je suis ici pour te protéger. Mon rôle est de te protéger et j'en suis très capable. Détends-toi. Tout ira bien.

EXPLORE: PROTÉGER L'ENFANT EN SOI

Nous avons tous un enfant en nous qui a besoin d'amour et de protection. Maintenant, cet enfant a un nouvel allié: toi. Tu es un adulte, tu es accompli et puissant. Tu sais aimer. Tu peux maintenant donner à cet enfant ce dont il ou elle avait besoin avant.

Revenons en arrière pour tenir l'enfant en soi dans nos bras et lui dire ce qu'il ou elle veut entendre. Écris ce que tu veux lui dire en tant que son protecteur.

EN CONCLUSION: UNE DERNIÈRE EXPLORATION

Je t'invite ici à prendre le temps d'écrire ou de dessiner tes impressions de ce chapitre. Qu'est-ce qui t'a inspiré? Qu'est-ce qui t'a dérangé? Qu'as-tu accepté? Que vas-tu

changer dans ton discours intérieur? Peux-tu choisir des mots qui te protégeront?

CHOISIS LE PROCHAIN CHAPITRE DE TON EXPLORATION

Grâce à notre discours intérieur, nous pouvons être notre propre ceinture de sécurité. Nous pouvons choisir des mots qui nous procureront l'amour et la protection dont nous avons besoin.

Tu peux maintenant choisir de continuer selon le chemin que je propose et lire le chapitre 10. Ce prochain chapitre parlera du discours intérieur qui t'aide à te reposer et à te calmer. C'est ta propre aventure. Tu peux également choisir de passer à un chapitre différent et y rester pour un moment. Va où ton inspiration te mène. Fais-toi confiance. Où veux-tu aller?

Chapitre 10

En cas de doute, se reposer

Ou choisir des mots qui nous calment

Le chapitre 10 t'aidera à prendre le temps de choisir des mots qui t'aideront à te calmer, corps et esprit.

La vie est faite pour couler en toi et à travers toi. Tu veux être comme un chat qui se repose au soleil, et non comme un chat accroché désespérément aux rideaux. Fais tout ce que tu peux pour trouver du repos et apaiser ton corps, tes pensées et ton esprit. Quand tu es reposé et que ton système nerveux est calmé, tu peux t'attaquer avec plus d'aisance à la vie; voir ce qui a de bon et trouver de meilleures solutions. C'est dans la tranquillité que ta voix intérieure devient bonne et claire. La seule façon de se reposer, c'est de prendre une pause.

Dans le calme, nous arrivons à entendre nos propres voix.

Dans le calme, nous arrivons à penser à nos objectifs, au sens que prend notre vie, au chemin que nous souhaitons emprunter. Dans le calme, nous trouvons des explications claires. Dans le calme, nous pouvons choisir qui nous voulons être et dans le calme, nous pouvons prendre le temps de nous aimer.

Les mots que je me dis m'aident à apaiser mon système nerveux lorsqu'il est sur le qui-vive. Ils me tranquillisent. Mon discours intérieur m'accompagne dans mes relaxations afin que je puisse être authentique, m'écouter et garder le cap sur ma vie.

MON HISTOIRE: LA JOURNÉE OÙ MON ÉPUISEMENT N'ÉTAIT QU'UN DÉBUT

Après une longue journée de travail, j'avais décidé de me faire plaisir et de passer une nuit dans une auberge afin de m'éviter de faire de la route et pour bien dormir. J'étais complètement drainée après une journée de travail intensif au sein d'un groupe. Étant une personne plutôt sensible, j'ai tendance à m'épuiser facilement quand je suis avec un groupe, et ce, même si j'apprécie l'expérience.

J'attendais avec impatience mon petit souper tranquille dans un petit pub anglais suivi d'une promenade dans les bois pour m'apaiser. Par contre, le propriétaire de l'auberge avait d'autres plans pour moi; elle insistait pour que je me joigne à la petite fête de la soirée. Tout mon être voulait lui dire non, mais l'invitation était pleine de bonne volonté, je ne pouvais pas refuser. En plus, la nourriture semblait très appétissante.

Plus tard, je suis sortie pour prendre une marche dans le voisinage. J'ai appelé chez moi pour souhaiter une bonne nuit à ma jeune fille et je l'ai attrapé en plein milieu d'une crise. Après l'avoir calmé, je me suis dit: *bon, maintenant, c'est à mon tour de me calmer.* J'ai marché le long d'un petit sentier, j'ai bifurqué un peu et je me suis retrouvée face à face avec un ours noir. J'ai couru jusqu'à l'auberge.

J'étais alors complètement aux aguets, sur le qui-vive, mon cœur débattait. Un système nerveux surexcité prend environ 20 minutes pour retrouver son état normal. Je ne me suis pas laissé ce temps. Quand je suis nerveuse, j'ai envie de plein de choses qui ne m'aideront absolument pas. C'est toutefois une réaction normale. Après ma longue journée, la petite fête, la crise et l'ours, je me suis surprise en train de regarder la télévision durant des heures en mangeant du chocolat. Je n'ai pas suivi les pratiques suggérées pour retrouver mon calme. J'étais trop en dehors de mes gonds pour vouloir retrouver mon état d'équilibre.

Quand je me suis finalement décidée à aller au lit, je n'arrivais pas à fermer l'œil et je me suis réveillée complètement épuisée.

J'aurais pu changer la donne. Il n'est jamais trop tard pour me recentrer et retrouver ma paix d'esprit. Avec mon discours intérieur, je peux décider de ne pas faire d'activités qui égayent mon système nerveux et plutôt me tourner vers celles qui m'apaisent; comme un bain chaud, une promenade tranquille, yoga, m'étirer, de la musique douce, méditer ou simplement respirer. Je peux m'octroyer ce temps et cet espace qui me permettra de me calmer.

Je peux également orienter mes activités de sorte que je passe plus de temps avec des personnes qui me font sentir bien et reposée. C'est ce que je me permets quand je suis avec mon groupe de méditation. Être parmi des personnes qui méditent me calment profondément, et ce, même si mon esprit va à toute allure. C'est grâce à un processus, *l'entraînement*, qui synchronise le corps à ceux des autres. Être en compagnie de personnes calmes nous calment par le fait même.

Cependant, être entouré de personnes anxieuses qui ne font rien pour améliorer leur sort a l'effet opposé. Leur anxiété, pour moi, est contagieuse.

En rétrospection, j'aurais aimé me donner la permission de ne pas assister à la petite fête de l'auberge et m'être donnée ce dont mon système nerveux avait besoin: du temps pour me calmer. Le point positif dans tout ça, c'est qu'il y a toujours une prochaine fois pour faire mieux que la précédente.

MON DISCOURS INTÉRIEUR

- Je vais t'aider à te calmer.

- Je te donne le droit de rester chez toi, tranquille. Même si l'invitation te plaît, tu as besoin de te reposer.

- Je dis non parce que je t'aime.

- Raconte-moi ta journée. Restons ici un moment ensemble. Je vais t'écouter.

- De quoi as-tu besoin en ce moment? Qu'est-ce qui te calmerait?

PAROLES BRILLANTES

«Le meilleur moment pour se reposer, c'est quand tu n'as pas de moment pour le faire.» ~ Sydney J Harris

EXPLORE: UN MANTRA POUR SE CALMER

Croyez-le ou non, en respirant, nous communiquons avec nous-mêmes. Quand nous prenons une grande respiration, nous disons à notre cerveau que nous sommes corrects. Quand nos respirations sont rapides et saccadées, notre cerveau comprend que nous sommes dans le pétrin. Prendre seulement quelques profondes respirations aide notre système nerveux à comprendre que tout va bien et qu'il peut se calmer. Quand tu as besoin de te calmer, ajouter un mantra à tes respirations peut être d'une grande aide.

Le docteur Shimi Kang recommande de rester réaliste envers soi-même, sans pour autant tomber dans la négativité. Par exemple, ton discours intérieur peut pencher vers la positivité, et ce, même quand tu te sens en danger : *je sais que tu as peur, mais ce sera bientôt fini.* En inspirant, tu es réaliste (je sais que tu as peur) et en expirant, tu t'encourages (mais ce sera bientôt fini).

C'est ton tour maintenant de créer ton propre mantra que tu joindras à tes respirations.

Y a-t-il quelque chose qui se passe dans ta vie et qui te tient agité?

Écris un message pour ton inspiration (rester réaliste).

Écris un message pour ton expiration (rester positif).

Maintenant, pratique-toi à répéter ton message en inspirant et en expirant lentement. Pratique-le jusqu'à ce que tu ressentes que ton système nerveux est calme.

UNE HISTOIRE QUI M'INSPIRE

« La gratitude m'aide à m'élever. Elle m'amène une certaine paix. » ~ Camilla Ravindran

Camilla Ravindran est une mère, une épouse et un *coach* qui aide les femmes de partout à se sentir fortes grâce à leur féminité et à leur déesse intérieure. D'après elle, le rituel de vie le plus puissant est celui de la gratitude. Elle le pratique elle-même et encourage ses clients à le faire à leur tour. « *La gratitude m'aide à m'élever. Elle m'amène une certaine paix. La gratitude qui vient du cœur n'est pas* qu'une pratique, c'est également une façon d'être. Quand nous sommes gratifiants, les plus belles choses nous viennent naturellement, » témoigne Camilla.

La première chose que Camilla fait tous les matins, après s'être réveillée, est s'énumérer ce qui la rend reconnaissante. Elle énumère trois choses qui la rendent gratifiante. *C'est une manière très positive de commencer une journée. Le défi, c'est de ne pas laisser ce rituel devenir un automatisme. Il faut être dans le moment présent et laisser notre gratitude faire le travail.*

Au début, c'était difficile pour elle de trouver trois raisons d'être gratifiante. *Avec le temps et la pratique, c'est devenu de plus en plus naturel et facile. Être gratifiante pour une toute petite chose comme l'odeur d'une fleur lors d'une promenade. Après plusieurs années de pratique,*

Camilla a partagé son expérience avec le monde entier sur Facebook. *Je me suis dit que je pouvais inspirer les autres à faire de même; penser à ce qui rend reconnaissant.* Évidemment, plusieurs l'ont suivi. Énormément de personnes se sont senties touchées par le message de Camilla et ont commencé leur propre rituel de gratitude.

Voici quelques-uns de ses récents messages de gratitude:

- Je suis reconnaissante pour mes respirations et pour l'habileté qu'a mon corps de bouger ainsi. Je suis en santé et je suis choyée.

- Je suis reconnaissante pour le yoga et le silence. Pour ma capacité de guérison. Je suis choyée.

- Je suis reconnaissante pour les sourires le matin, les jeux, les câlins, les crêpes et la pluie.

- Je suis reconnaissante pour ma promenade à la ferme, les animaux, les rires et les enfants qui s'amusent.

Camilla ne considère pas seulement les plaisirs dans son rituel de gratitude. Elle croit que tout ce qui nous arrive dans une vie nous arrive pour une raison. *Nous devrions être reconnaissants pour tout ce qui nous arrive, même ce que nous voyons comme des cadeaux empoisonnés puisqu'en réalité, ils ne le sont pas. Tout nous vient avec amour.*

PAROLES BRILLANTES

« Quand rien ne va plus, faire la sieste. » ~ Anonyme

MON HISTOIRE : QUELLE BELLE JOURNÉE! COMMENCER LA JOURNÉE AVEC GRATITUDE ET POSITIVISME

Il est 5h30 le matin et mon alarme sonne. J'enfile les vêtements que j'avais déposés près du lit, je mets mon imperméable, mes bottes et je sors dans le froid et la pluie. Il fait si noir, qu'on croirait qu'il fait nuit. Chaque matin, je me glisse hors du lit avec courage pour ça et pour moi, ce n'est pas rien. Durant une heure complète, je marche dans les rues désertes. Je suis très déterminée, même les matins d'orages. Je commence mes journées avec gratitude et positivisme.

Quand j'ai commencé à faire cela, mon niveau de stress était inimaginable, autant au travail que dans ma vie personnelle. Mes premières pensées à mon réveil étaient généralement à propos de ma fatigue et de mon sommeil troublé. Ensuite, je pensais immédiatement au travail que je devais accomplir durant la journée. Je commençais mes journées en me concentrant sur le stress, la négativité et le manque.

J'étais demi-consciente que courir hors de la maison en attrapant un déjeuner au passage n'était pas la meilleure chose pour ma santé mentale et physique. Je suis venue à la conclusion que j'avais besoin d'une routine matinale qui m'aiderait à commencer ma journée dans la paix et la bonne humeur. Il y a quelque chose de très sacré et de très puissant dans la façon dont nous commençons notre journée. Le matin, nous fixons le rythme du reste de la journée.

Ce que tu te dis tout bas a des conséquences importantes. Tu suscites un élan croissant. Chaque matin, tu as la possibilité de changer cet élan, de repartir à zéro. Durant mes promenades, j'énumère ce qui me rend gratifiante;

les évènements et les personnes. Certaines fois, je me suis réveillée dans un état désagréable et la gratitude me venait avec plus de difficulté, alors je me suis concentrée sur les petites choses : je suis gratifiante pour mes bottes de pluie, pour mon lit chaud et douillet, pour mon appartement près de la mer.

En faisant ce rituel matin après matin, je suis devenue beaucoup plus détendue. Répéter ce qui me rend heureuse et gratifiante a fait sembler ma vie tout d'un coup abondante. Tout irait bien. Je me sentais plus forte et plus solide.

Je me suis imposé une routine matinale qui me permet de commencer mes journées avec une attitude positive et reconnaissante. Dès le réveil, je dresse la liste de ce qui me rend heureuse; les gens qui m'entourent ou les évènements qui arrivent à me décrocher un grand sourire. Je prends conscience de tout l'amour que j'ai autour de moi. Je pense aux moments que j'ai passés avec mon chien Egli, aux drôles de choses que peut dire ma fille, à ma grand-mère qui m'a serré dans ses bras alors que je souffrais d'une maladie hautement contagieuse, à la plongée sous-marine à Hawaii, au message de mon ami, à mon mari qui me tient la main. J'essaie d'être aussi précise que possible dans mon énumération. Je prends le temps de savourer les détails d'un monologue intérieur qui me parle d'amour. Ainsi, une cadence s'installe; un élan récurrent de positivisme, de gratitude et de calme. Je peux littéralement sentir une abondance remarquable dans ma vie. Je me sens apaisée et je suis prête à commencer une autre journée. Qui sait tout ce qu'elle peut m'amener de magnifique?

MON DISCOURS INTÉRIEUR:

- Merci pour cette ville merveilleuse.

- Merci pour la bonne nuit de sommeil.

- Merci pour tous ces gens que j'aime et qui m'aiment en retour.

- Merci pour la cuisine de ma mère.

- Merci pour la maison dans laquelle je me sens reposée et en sécurité.

EXPLORE: LA LISTE DE LA RECONNAISSANCE

Selon une étude, tenir un journal de reconnaissance augmente la sensation de bonheur de dix pour cent; le même pourcentage que si on voyait nos revenus doubler. Dis-toi tout ce en quoi tu es reconnaissant. Aussi minime que *le chandail que je porte me réchauffe* ou *j'ai bien mangé au petit déjeuner.* Guide ton discours intérieur vers tous les aspects de ta vie dont tu es reconnaissant et permets-toi de dire merci. Une simple liste de trois à cinq aspects est suffisante; si tu es inspiré, laisse-toi aller. Ressens la reconnaissance au plus profond de toi. Souligne toutes les bénédictions de ta vie.

Voici quelques exemples pour une liste de la reconnaissance:

- Les gens que j'aime.

- Ce que je chéris le plus.

- Les endroits qui me rendent heureux.

- L'abondance dans ma vie.

- Ce que j'aime manger.

- Les fois où j'ai ri.

- Les parties de mon corps qui sont fortes et en santé.

- Ce que j'aime dans ma maison.

- Les visionnaires, les penseurs et la gentillesse chez les personnes avec qui j'ai l'honneur de partager la planète (même si je ne les connais pas personnellement).

Lance-toi et découvre ce en quoi tu es reconnaissant.

EN CONCLUSION: UNE DERNIÈRE EXPLORATION

Je t'invite ici à prendre le temps d'écrire ou de dessiner tes impressions de ce chapitre. Qu'est-ce qui t'a inspiré? Qu'est-ce qui t'a dérangé? Qu'as-tu accepté? Que vas-tu changer dans ton discours intérieur? Peux-tu choisir des mots qui te calmeront?

CHOISIS LE PROCHAIN CHAPITRE DE TON EXPLORATION

Dans le chapitre 10, tu as ralenti ta course et tu as choisi des mots qui aideront ton système nerveux à prendre une pause et à te calmer.

Tu peux maintenant choisir de continuer selon le chemin que je propose et lire le chapitre 11. Ce prochain chapitre concerne le discours intérieur qui t'encourage à prendre les choses avec un brin de légèreté; à user de ton humour. Tu peux choisir de t'élever au-dessus de ce qui te tracasse. C'est ta propre aventure. Tu peux également choisir de passer à un chapitre différent et y rester pour un moment. Va où ton inspiration te mène. Fais-toi confiance. Où veux-tu aller?

Chapitre 11

Laisse-toi vivre chérie

Ou choisir des moi de légèreté et d'humour

L'objectif du chapitre 11 est de prendre le temps de se ralentir soi-même et d'alléger son discours intérieur avec un peu d'humour et de douceur.

Ce qu'on a l'habitude de se dire à soi-même peut être une validation de la vie que nous sommes en train de mener: souligne ce qui est bien, comme l'amour, le calme, la compassion. Inversement, notre discours intérieur peut sembler nier et rabaisser le chemin que nous choisissons; nous éloignant de ce qui est positif. L'humour et la légèreté aident à choisir un discours qui met en lumière la positivité dans notre vie. Ce sont des mots qui nous guident, qui nous aident à grandir. Ils nous tournent vers la lumière comme un tournesol tourne son bouton vers le soleil. Aussitôt que tu parsèmes ton monologue intérieur d'humour, la joie qui se cache en toi sort de l'ombre. Quel soulagement!

Essai de créer une histoire drôle pour tous les moments de ta vie. Incarne le personnage d'une comédie plutôt que d'être le personnage d'une tragédie. Écris à propos de ton humour, parles-en aux autres, dessine ton humour, chante-le. Tourne ton visage vers la lumière.

MON HISTOIRE : ALLEZ, RELÈVE-TOI AVEC LE RIRE

Il y a déjà quelques années, j'étais à bord d'un train. Je n'allais pas bien, je n'arrêtais pas de pleurer, je me sentais envahie par tous ces problèmes qui m'accablaient sans cesse. L'ami avec qui je voyageais a trouvé le moyen de renverser la situation. Il m'a dit quelque chose de si surprenant et drôle que je ne pouvais m'empêcher d'éclater de rire. Même si mes problèmes étaient loin d'être réglés, je me suis sentie mieux, un peu moins comme le personnage d'une tragédie grecque. Son énergie légère et drôle a été un vrai cadeau pour moi. Il m'a permis de me relever tranquillement.

Utiliser l'humour et la douceur est un moyen très efficace pour se sentir un peu plus confortable dans toutes les situations possibles qui peuvent nous arriver. L'humour ne veut pas nécessairement dire tourner un évènement au ridicule; l'humour prouve que tu as la capacité à voir la lumière quand il n'y a que de la noirceur.

L'humour et l'amour sont toujours là dans les moments les plus noirs, les plus difficiles à vivre. J'étais très proche de mon grand-père et j'ai vécu une énorme tristesse quand il est mort. Jamais je n'aurais deviné que j'aurais autant ri à ses funérailles. Sur les bancs de l'église, nous pleurions tous quand un vieux prêtre a commencé à réciter un éloge tellement insensé que nous nous sommes tous regardés avec surprise. À la réception, nous avons tous ri en repensant à l'absurdité de la situation. Soudainement, j'ai senti très fort tout l'amour que j'avais pour mon grand-père. Oscar était un homme plein d'humour. Il blaguait constamment, il voyait le comique partout, il donnait à tout le monde de drôles de surnoms. Il aurait tellement aimé le discours éclaté du prêtre. Après tout, il en est pour quelque chose; c'est lui qui a envoyé le prêtre nous donner un peu de lumière.

Le rire a le pouvoir de nous élever. Trouver la légèreté dans toute chose, si ce n'est pas l'humour, est la clé pour se rendre au bonheur. Imagine-toi une ligne fictive. La négativité est sous cette ligne; la positivité, au-dessus. La légèreté et l'humour représentent le degré zéro. Ils sont ce qui nous permet de nous élever au-dessus de la ligne. Penser de façon légère, penser de façon presque comique. Ce sont ces pensées qui nous apaisent. Elles forgent une nouvelle cadence de pensés en nous. N'alourdis pas tes pensées. Un colibri: léger, libre, joyeux.

Le rire ouvre un chemin vers l'amour. Leonard Cohen l'a écrit: *Il y a une fissure dans tout. C'est par elle que la lumière entre. / There is a crack in everything. That's how the light shines in.*

Pour moi, cette fissure, c'est l'humour.

MON DISCOURS INTÉRIEUR

- Deviens plus légère.

- Que peux-tu trouver de drôle dans cette situation?

- Il n'y a pas de mal à te sentir plus légère et à trouver plus facilement le rire.

- La vie est un cadeau qui mérite d'être pleinement savouré. Alors ris ma chérie, ris.

- Tu es drôle et je t'aime même quand tu es dans tous tes états.

EXPLORE: TOP 5 DES MOMENTS DRÔLES

Dresser des listes de top 5 est un bon moyen de se faire prendre conscience d'un sujet qui nous importe. Un top 5 peut te redonner le sourire en te rappelant ce qui est important et en t'aidant à voir un peu plus de lumière dans tout. Choisis des sujets qui valent la peine d'être approfondis et qui te guideront plus tard: le top 5 des personnes les plus drôles que tu connais, le top 5 des meilleurs moments de ta vie, le top 5 de tes endroits préférés. Voici mon top 5 des plus gros fous rire.

- Mon cours de mathématique avec Charlie, désolée M. Salome!

- À l'église avant le récital du Messie.

- Au téléphone avec mon mari.

- Avec mon père en regardant *Sweetie* de Jane Campion.

- Avec mon amie Hélène après le baptême de sa fille.

C'est ton tour maintenant.

UNE HISTOIRE QUI M'INSPIRE

« J'essaie constamment de voir le côté risible des choses. La vie de tous les jours devient plus habitable. » ~ Trilby Jeeves

Trilby Jeeves donne des ateliers de bouffonneries. Les bouffonneries sont un peu comme les blagues du fou du roi de l'époque médiévale. C'est rire de la vie et de ses absurdités. Ces ateliers servent à faire ressortir notre côté idiot, blagueur, rieur, irrévérencieux et même ironique. Trilby appel ses ateliers *le remède contre le sérieux.* Elle a ce talent qui lui permet de te pousser hors de ta zone de confort jusqu'à ce que tu sois à l'aise de te laisser aller à ces bouffonneries. Elle est un modèle à suivre pour autant d'entre nous qui prennent les choses beaucoup trop au sérieux.

L'humour et le rire a permis à Trilby de traverser plusieurs mauvaises épreuves. Elle raconte un moment de sa vie où sa mère était hospitalisée et son père était en chaise roulante à cause de la sclérose avancée. Elle devait faire le ménage de leur appartement et les déménager tous les deux dans une maison de soins. La tâche qu'elle devait porter seule sur ses épaules était trop lourde et elle était découragée par la gravité des événements. Dans toute cette noirceur, elle a trouvé un petit moment de lumière. Elle s'est soudainement transformée en un personnage hilarant qui parlait avec un accent New Yorkais des joies du ménage et du déménagement. Elle et son père ont éclaté de rire. *Le rire peut nous aider à vaincre beaucoup de choses. La légèreté nous permet de voir l'autre côté de la médaille et nous aide à trouver une solution. Mes bouffonneries ont soulagé mon père et moi. Elles nous ont aidés à accepter une situation difficile et à gérer les émotions qui l'accompagnaient.*

Elle ajoute: *J'essaie constamment de voir le côté risible des choses. La vie de tous les jours devient plus habitable. Par exemple, quand je suis prise dans un embouteillage et que la rage me prend. Je me transforme en personnage. J'exagère ma rage et son absurdité et je me dis: wow, quelle bonne idée, te mettre en colère contre les autres voitures. Je me fais rire et tout d'un coup, ma colère et mon stress s'apaisent.* Elle ajoute que rire des situations difficiles demande de la pratique. Elle adore voir quelqu'un de son entourage se transformer en bouffon pour la faire rire.

MON HISTOIRE: ME DÉBARRASSER DE CE QUI NE M'EST PLUS UTILE

Durant toute une nuit, j'ai escaladé le Mont Fuji au Japon. Mon objectif était de me rendre au sommet au lever du soleil. Je n'avais aucune expérience en randonnée de la sorte, je n'étais qu'une fille de la ville qui ne savait pas du tout ce dans quoi elle s'embarquait. J'étais dans un état lamentable, au bord des larmes durant une bonne partie de ma marche. Mon ami et moi avions profité du dernier week-end avant que la montagne ne ferme pour la saison. Un vent glacial soufflait et il me semblait venir tout droit de la Sibérie. Notre ascension était difficile puisque la montagne était très escarpée.

Mon sac à dos était trop lourd et il ne faisait que m'encombrer. Je ne me souviens plus très bien de ce que j'y avais mis, mais je sais qu'il n'y avait rien de bien utile pour ma randonnée comme des collations réconfortantes, des lunettes pour me protéger du vent, du thé ou des vêtements plus chauds. Abandonner mon sac à dos sur le bord de la route aurait été une meilleure idée.

J'ai souvent le sentiment ou la sensation de trimballer un sac à dos rempli de roches de toutes sortes; toute la douleur que j'ai ressenti au cours de ma vie et que je garde quelque part pour une raison qui m'échappe. De vieilles histoires que je me raconte encore. De vieilles croyances qui ne me servent plus. Ma peur de pardonner et de passer à autre chose. Certaines de mes douleurs ne sont que de petits galets, d'autres sont plutôt comme d'énormes rochers. Ce sac à dos pèse des tonnes et je ne veux plus le transporter avec moi. Il pèse sur mes épaules, me courbe le dos et me draine de toute l'énergie que je pourrais utiliser de plusieurs autres façons plus utiles. Il m'empêche de trouver de la légèreté et de l'humour autour de moi.

Je suis maintenant prête à vider mon sac à dos, à en sortir les roches et à les examiner. Je veux comprendre ce qu'elles ont à m'apprendre, je veux soigner ce qui demande une attention particulière; remercier toutes mes douleurs pour ce qu'elles m'ont apportées de positif, puis les laisser partir. Dire au revoir à une charge trop lourde et bonjour à une liberté légère. Et si c'était vrai que tout ce qui arrive dans la vie, arrive pour moi et non à moi?

Je me libère de tout ce poids pour trouver plus de joie, plus de rire, plus de lumière et de légèreté. Plus de place dans mon cœur pour l'amour et plus d'énergie pour orienter ma vie vers ce que je veux qu'elle devienne.

MON DISCOURS INTÉRIEUR

- Qu'est-ce qui ne m'est plus utile?

- De quoi puis-je me débarrasser?

- C'est correct de laisser aller ce qui est trop lourd.

- Tu es mieux équipée sans cette charge inutile.

- Je te fais confiance.

EXPLORE: TROUVE LE COMIQUE

Une amie avait un terrible mal de tête. Elle est entrée dans une épicerie pour acheter de l'eau avec laquelle elle allait prendre des aspirines. Elle a soudainement glissé sur le plancher mouillé. Sa tête a heurté le sol et ils ont dû appeler une ambulance. Il n'y a rien de drôle ici n'est-ce pas? Étonnement, lorsqu'elle m'a raconté cette histoire, nous avons toutes les deux éclatées de rire en nous disant que son mal de tête en sortant de l'épicerie devait être bien pire que celui qu'elle avait en entrant. Nous avons vu le côté risible de la situation.

As-tu une histoire semblable qui te revient souvent et à laquelle tu pourrais ajouter un peu d'humour? Essaie de l'alléger avec ton discours intérieur.

Choisis un évènement que tu as vécu et qui n'avait, à ton avis, rien de bien drôle. Écris-le. Maintenant, essaie de trouver une façon de lui donner une certaine lumière, de l'alléger avec ton humour.

Y a-t-il un détail de cet évènement qui peut être comique? Amusant? Ironique? Étrange? Que peux-tu changer dans la façon dont tu te le racontes qui peut alléger le poids qu'il a dans ta vie? Peut-être que tu peux rire de la façon dont tu as géré la situation ou de l'attitude que tu as choisi d'adopter.

Réécris l'histoire avec une peu plus d'humour.

EN CONCLUSION: UNE DERNIÈRE EXPLORATION

Je t'invite ici à prendre le temps d'écrire ou de dessiner tes impressions de ce chapitre. Qu'est-ce qui t'a inspiré? Qu'est-ce qui t'a dérangé? Qu'as-tu accepté? Que vas-tu

changer dans ton discours intérieur? Peux-tu décider de semer un peu d'humour ici et là?

CHOISIS LE PROCHAIN CHAPITRE DE TON EXPLORATION

Dans le chapitre 11, tu as vu ce que l'humour et la légèreté dans ton discours intérieur peut apporter de positif aux situations les plus déplaisantes.

Tu peux maintenant choisir de continuer selon le chemin que je propose et lire le chapitre 12. Ce prochain chapitre concerne l'écoute que tu peux t'offrir. L'aspect le plus important de la communication, c'est l'écoute.

C'est ta propre aventure. Tu peux également choisir de passer à un chapitre différent et y rester pour un moment. Va où ton inspiration te mène. Fais-toi confiance. Où veux-tu aller?

Chapitre 12

Je peux t'entendre

Ou choisir des mots qui démontrent ton écoute

Notre intention avec le chapitre 12 est de prendre le temps de choisir les bons mots d'écoute et d'attention.

J'ai passé tant d'années à m'assurer que je n'écoutais pas ce que je me disais tout bas. Je n'avais de l'écoute uniquement lorsque le message prenait trop de place et que je ne pouvais plus l'ignorer. J'arrêtais de travailler seulement quand j'étais malade. Je mettais un terme à mes relations seulement lorsqu'elles devenaient totalement insupportables. Je n'écoutais pas du tout ce que me disait mon corps, mes pensées et mon esprit.

Je ne me connaissais pas du tout; j'étais étrangère à moi-même. C'était épuisant et très demandant de fuir mes propres pensées constamment. Comment aurais-je pu connaître la personne que j'étais, ma propre vérité, si je ne m'écoutais pas? Je ne peux pas savoir comment se portent les gens que j'aime autour de moi si je ne les écoute pas. Pour connaître et être adéquate envers mon entourage, je dois lui porter une attention particulière. C'est le même principe avec moi-même. Quand je m'écoute, je me sens en harmonie avec moi-même. Quand je ne prends pas le temps, je suis terriblement seule.

Certes, la vie a son lot de difficultés, mais une chose est sûre : les traverser seul rend tout plus compliqué. Quand je suis en décalage avec moi-même, quand je décide de m'ignorer, je suis plus seule que jamais.

MON HISTOIRE: ÊTRE ATTENTIVE À LA FAÇON DONT JE ME PARLE

Alors que je travaillais dans une agence de relations publiques, le directeur a embauché quelqu'un qui devait nous entraîner à être plus efficace au travail. Ce consultant nous a appris à se tenir debout lorsqu'une personne entrait dans notre bureau. En se tenant debout, nous avons l'air davantage occupé, avec aucun temps à donner à un visiteur. Nous étions poussés à travailler plus, à produire plus, au dépend de nos relations avec les autres et de notre écoute envers eux.

Dans mon discours intérieur, je ne veux pas reproduire la façon qui m'avait été enseignée pour communiquer avec mes collègues: rapidement et superficiellement. Quand je m'arrête un instant, que je cesse mes activités, mon travail et que je détourne mon attention des autres pour la recentrer sur moi-même, ne serait-ce que quelques instants; je me dis que je suis à mon écoute, que je m'aime comme il le faut.

Quand je m'écoute, je me dis que je suis importante. Je vaux la peine d'être considérée pour un instant. Je me sens écoutée, prise en charge, acceptée et aimée. En plus, j'arrive à analyser des informations importantes qui m'aident à prendre les devants sur ma vie et à savoir quoi en faire.

La diversité de façon dont nous communiquons avec nous-même est impressionnante: nos sentiments, nos sensations, notre corps, nos instincts, nos intuitions, notre sensibilité, nos respirations, nos discours intérieurs. Nous sommes comme des systèmes de communication multimédia; en nous envoyant des messages personnels de plusieurs façons différentes. Les informations que je reçois à travers ce *système* sont très précieuses. Ce que j'entends, c'est ma propre vérité. Ça ne veut pas dire que j'aime toujours ce que j'entends. Ma vérité peut ne pas me convenir, me dévaster et détruire ce que j'avais déjà commencé à entreprendre. Ça ne veut pas non plus dire que je sais toujours quoi faire de ces informations. Toutefois, elles restent mes vérités les plus profondes et il est de mon devoir de les écouter au même titre que j'écoute ce que mon entourage me dit. L'écoute elle-même est très puissante. Je me sens plus calme, simplement en sachant que je suis écoutée.

En m'écoutant attentivement, j'entends toutes sortes de paroles sages qui vont de mes besoins les plus importants à ce que mon corps nécessite pour être en santé.

- Ce que je me dis à moi-même à un sens et une valeur.

- Je prends le temps de m'écouter.

- Je fais confiance à ma propre voix.

- Je fais confiance à ma propre vérité.

- Je m'offre toute mon écoute.

EXPLORE: L'ÉCRITURE AUTOMATIQUE

L'écriture automatique ou l'écriture d'intuition est une bonne manière de porter attention à une partie de soi que nous ignorons la plupart du temps. En écrivant avec notre main non-dominante (par exemple, ta main gauche si tu es droitier) une toute autre partie du cerveau est sollicitée. Tu accèdes à une partie créative et intuitive. Les réponses que ton écriture te feront parvenir seront différentes que lorsque tu utilises ta main dominante;

lorsque tu fais appel à un côté logique et rationnel de ton

cerveau.

Quand je m'aventure dans une écriture d'intuition, ma

calligraphie est dysfonctionnelle et lente, mais je suis

étonnée des mots qui en ressortent. Souvent, je ne les

attendais pas.

Cela t'intrigue? Réponds aux questions suivantes en

utilisant ta main non-dominante. Ouvre-toi et sois réceptif

de ce qui se couchera sur le papier.

Comment je vais?

De quoi ai-je besoin dans ma vie en ce moment?

Qu'est-ce que j'ai besoin de savoir?

Qu'est-ce que j'aime?

Qu'est-ce qui pique ma curiosité en ce moment?

À quoi ai-je besoin d'apporter du changement?

Qu'est-ce qui me rend heureux?

Qui me rend heureux?

Aventure-toi dans tes propres questions maintenant.

PAROLES BRILLANTES

« Dirige ton attention vers ta propre voix, ta propre âme,

trop de personnes écoutent la cacophonie du monde

plutôt qu'eux-mêmes. » ~ Leon Brown

MON HISTOIRE: LES VOIX DE L'AUTOBUS

Alors que je prenais une marche, j'ai croisé une femme

qui promenait sa chienne Charlie. Charlie s'est approché

de moi pour me saluer et sa propriétaire m'a expliqué

qu'elle était un croisement entre un Labrador et un

Beagle.

Un Beagle? Me suis-je interrogée en me disant que cette grosse chienne n'en avait pas du tout l'air.

Les Beagles sont connus pour aboyer comme s'ils hurlaient plaintivement. Apparemment, Charlie s'est surprise elle-même lorsqu'elle a hurlé de cette façon. Elle a sursauté en scrutant les environs pour comprendre d'où venait ce bruit. Elle ne savait pas qu'elle avait la voix d'un Beagle à l'intérieur d'elle-même.

C'est un peu le même principe pour nous. Enfouies profondément, nous avons des voix que nous ne connaissons pas encore. Peut-être même ne les avons-nous pas encore entendues. Peut-être ne sont-elles que de faibles murmures faciles à ignorer. Peut-être avons-nous décidé il y a bien longtemps de les oublier en les enfouissant là où nous n'allons jamais. Peu importe la raison, elles sont là et elles attendent qu'on les écoute.

Imagine que ces voix sont toutes à bord d'un autobus dont tu es le conducteur, le responsable en charge du trajet. Certaines de ces voix ont pris les meilleures places à l'avant, elles ne cessent de parler au conducteur en lui disant quelles routes emprunter, où aller et comment conduire adéquatement. Elles sont tes voix dominantes et peuvent autant être positives que négatives; aimantes et bienveillantes que critiques et pointilleuses. Elles peuvent réaliser tes rêves ou leur nuire complètement.

Les voix aidantes, gentilles et bienveillantes vont transmettre des messages d'amour et d'encouragement au conducteur. Elles vont se montrer patientes et résilientes lorsqu'il devra subitement changer de trajet.

Elles seront là pour le soutenir quand la route deviendra difficile à prendre. Elles tiendront des propos comme ceux-ci:

- Tu fais du bon travail.

- Je te fais confiance.

- Tout va bien. Continue d'aller droit devant.

- Je vais t'aider à atteindre ta destination.

- Je t'aime comme tu es.

- Tu t'améliores.

- Bon travail! Tu as surmonté un énorme obstacle.

Maintenant, imagine que l'avant de l'autobus est occupé par des voix négatives. Elles ne donnent pas de bons conseils et persécutent constamment le conducteur. Elles prennent toute la place en empêchant les voix positives de parler. Elles tiennent des propos comme ceux-ci :

- Tu n'es pas assez bon.

- Tu ne sais pas ce que tu fais.

- Tu ne fais jamais rien de bien.

- Quelque chose ne va pas chez toi.

- Tu ne te rendras jamais.

- Tout le monde sait conduire mieux que toi.

Comment le conducteur peut-il se concentrer sur la route et atteindre sa destination (en gardant une attitude positive et une bonne estime de lui) dans ces circonstances? Parfois, ces voix harassantes s'emparent du volant et conduisent l'autobus d'elles-mêmes alors que le conducteur ne dit pas un mot à l'arrière, complètement dépourvu.

En tant que conducteur, tu as le devoir de rester en contrôle de ton autobus. Tu es le conducteur; tu n'es pas une voix de passager. Tu as le droit de choisir les voix que tu écoutes, celles qui te guident et celles que tu veux consulter. N'oublie jamais que tu as le pouvoir d'écoute et de décision.

Tu peux même récompenser une voix qui se tait à l'arrière en lui offrant une place à l'avant. Comme le guide spirituel tibétain Chögyam Trungpa a écrit: *Tu tiens le volant des décisions.*

J'ai offert une place de choix à ma voix de gentillesse et de compassion. Autrefois, elle croisait les bras dans la dernière rangée; maintenant, elle est assise tout près de moi et elle me soutient. Pour l'instant ma voix critique occupe la place juste à côté d'elle, mais heureusement, elle ne parle pas trop fort. Cette voix positive a apporté un nouvel équilibre à ma vie. Je me sens plus calme et je la remercie au plus profond de mon cœur.

EXPLORE: LES VOIX DE TON AUTOBUS

Veux-tu apprendre à mieux connaître les voix dominantes qui sont assises dans ton autobus?

Commence en écrivant ton nom sur une feuille de papier en-haut au centre. Tu es le conducteur, celui qui est en charge et en contrôle de l'autobus.

Sous ton nom, écris celui d'une ou deux voix qui occupent les places à l'avant. Invente-leur des noms, sois créatif.

Y a-t-il une voix à l'avant qui te procure un amour inconditionnel? Une amitié? De la compassion? De la gentillesse? De l'encouragement? Si oui, tant mieux!

Si non, tu devrais permettre à une voix plus gênée de s'avancer et de s'assoir à tes côtés. Nous avons tous des voix d'amour, d'amitié, de compassion, de gentillesse et d'encouragement qui se terrent quelque part dans l'autobus. Il suffit de leur pointer la meilleure place à prendre.

Maintenant, sur une nouvelle feuille de papier, tu écriras le nom d'une voix que tu permettras désormais de s'assoir près de toi. Elle sera là pour te soutenir.

Je t'invite maintenant à écrire un message que tu aimerais entendre de cette nouvelle voix dominante.

PAROLES BRILLANTES

« Le plus que tu es à ton écoute, le plus que tu vas t'entendre. On gagne une conscience accrue. C'est comme être un amateur de birdwatching. Tu vois des oiseaux partout quand tu commences à y accorder de l'attention. » ~ Ran Fuchs

EN CONCLUSION: UNE DERNIÈRE EXPLORATION

Je t'invite ici à prendre le temps d'écrire ou de dessiner tes impressions de ce chapitre. Qu'est-ce qui t'a inspiré? Qu'est-ce qui t'a dérangé? Qu'as-tu accepté? Que vas-tu changer dans ton discours intérieur? Peux-tu prendre le temps de t'écouter?

LA FIN DE CE PARCOURS

Au chapitre 12, nous avons pris le temps de s'écouter; de se montrer que nous valons toute notre écoute. Si tu as fait une lecture linéaire, chapitre par chapitre, tu es maintenant arrivé à la fin d'un parcours qui mène au discours intérieur positif. J'espère que les histoires et les explorations que j'ai partagées pourront graduellement fleurir en toi.

Merci d'avoir pris tout ce temps en ma compagnie et pour avoir lu mes histoires. Si tu t'es plu en marchant dans mes pas, retrouve-moi en ligne; mon exploration personnelle du discours intérieur aimant continue de grandir. Peut-être nous retrouverons nous un jour en personne à un de mes ateliers.

Avec reconnaissance et beaucoup d'amour,

Maryse

www.selftalklove.com

www.facebook.com/selftalklove

En Vrac: Si vous voulez en savoir plus

LES FEMMES QUI M'ONT INSPIRÉE

Trilby Jeeves

www.trilbyjeeves.com

Lori-Ann Speed

www.lori-annspeed.com

Maggie Howell

www.natalhypnotherapy.co.uk

Jacky Yenga

www.jackyyenga.com

Cécile Gambin

www.cecilegambin.com

LE MONOLOGUE INTÉRIEUR ET LE CERVEAU

Si tu crois que la façon dont tu te parles n'est pas importante, réfléchis bien.

Notre époque se montre très clémente pour les avancées scientifiques concernant le discours intérieur. En effet, la science est maintenant capable de prouver des théories qui circulent déjà depuis plusieurs années. Nous sommes en mesure d'examiner le discours intérieur en neuro-imagerie. Une partie de notre cerveau (donc une partie de nous) écoute et répond à ce que l'autre partie lui communique. Littéralement une conversation intérieure. Ton cerveau réagit selon ce qu'il entend et comprend. Il répond de la même façon au discours intérieur négatif qu'à une personne extérieure qui le critique. Donc, si tu es négatif envers toi-même et que tu te rabaisses constamment, tu crées autant de dommage à ton corps et ton esprit que si quelqu'un d'autre faisait la même chose. Même si tu n'es pas toujours conscient de ce que tu te dis à voix basse, une partie de toi entend tout et en est affectée.

D'OÙ VIENNENT NOS VOIX INTÉRIEURES

En se basant sur des théories avancées par le psychologue Lev Vygotsky, plusieurs de nos voix intérieures se sont forgées autour de ce que nous entendons lorsque nous étions enfants. La façon dont tes parents et les gens qui t'entouraient te parlaient est restée ancrée au plus profond de toi. Ces voix se sont intériorisées avant même que tu n'aies cinq ans. Toutefois, ils ne représentent pas ta véritable voix intérieure. Lorsque tu es cruel avec toi-même, lorsque tu te critiques ou lorsque tu évites de parler d'amour dans ton discours intérieur; tu n'es pas qui tu crois être. Nous naissons avec le droit à l'amour de soi et au monologue intérieur aimant. Ceux qui t'ont élevé ont certainement fait de leur mieux avec ce qu'ils avaient de connaissances. Maintenant, c'est à ton tour de transformer les voix qui t'habitent afin qu'elles te soutiennent et qu'elles t'aiment.

PLUS SUR LES BÉNÉFICES D'UN ESPRIT CALME

Le discours intérieur qui t'influence le plus est celui qui te parle involontairement sans cesse, toute la journée. Il est une conversation sans fin qui parle et parle encore dans ta tête sans que tu n'en prennes nécessairement conscience. Mon ami l'appel *Le DJ de l'esprit*, puisqu'il est comme une radio jouant constamment une musique de fond. La plupart du temps, tu ne te rends pas compte que ce qui est en train de jouer. Parfois, une chanson en particulier retient ton attention et tu te dis *j'adore cette chanson* ou *cette chanson est nulle.* Essaie d'imaginer l'influence qu'un discours intérieur interminable peut avoir sur toi, surtout si ce discours est négatif, critique ou simplement cruel.

Les Bouddhistes l'appelle *l'esprit de singe,* puisque qu'il saute improprement d'une pensée à l'autre. Après tout, c'est ce qu'un esprit est supposé faire. Parfois, ces sauts peuvent surprendre par leur hauteur et la terre ferme devient de plus en plus basse.

Avec un discours intérieur qui apaise, nous pouvons donner la chance à notre esprit de retrouver le calme.

TROUVE LE REPOS DANS TON CORPS ET HORS DE TON ESPRIT

Eckhart Tolle propose une façon efficace de se retirer de notre esprit trop encombré; se concentrer sur notre corps. Il suggère de porter notre attention sur nos mains et de sentir toute l'énergie qui les habite. Consciemment, dirige ton esprit dans tes mains. C'est un moyen rapide et simple de ralentir tout ce qui peut se bousculer dans ta tête. Certains l'appel *pleine conscience,* c'est-à-dire être au courant de ce qui se passe en toi dans le moment présent.

PLUS SUR LES BÉNÉFICES DE LA GRATITUDE

Robert Emmons est un chercheur qui s'intéresse à la gratitude et l'auteur de plusieurs livres sur le sujet, dont *Gratitude Works!: A 21-Day Program for Creating Emotional Prosperity* et *Thanks! How the New Science of Gratitude Can Make You Happier.* Il soutient que les bénéfices qu'apporte la gratitude touchent toutes les facettes de la vie. Par exemple, un meilleur système immunitaire et de meilleures nuits de sommeil.

PLUS SUR LES BÉNÉFICES DE L'HUMOUR ET DE LA LÉGÈRETÉ

Se prendre moins au sérieux et rire davantage peut nous éviter une crise cardiaque. Michael Miller, professeur au département médical de l'université de Maryland, soutient que rire chaque jour est bénéfique pour notre cœur. « Nous ne savons pas encore les raisons pour lesquelles le rire est bon pour le cœur. Par contre, nous savons que le stress mental est associé à une déficience de l'endothélium; la barrière qui protège nos vaisseaux sanguins. Une telle déficience peut mener à une série d'anomalies inflammatoires qui favorisent le développement du cholestérol dans les artères et, dans le

pire des cas, des crises cardiaques.

CE QUE TES SENTIMENTS TE DISENT

Dans son livre *The Art of Empathy: A Complete Guide to Life's Most Essential Skill,* Karla McLaren explique que tous nos sentiments ont un message spécial et unique à nous transmettre. Elle soutient que de développer une relation d'empathie avec ses propres sentiments est une bonne chose. Par exemple, lorsque tu es en colère, tu es en train de te dire que tes limites ont été dépassées. Lorsque tu es triste, il y a quelque chose qui nécessite un certain lâcher prise.

MARTHA BECK ET LE DISCOURS INTÉRIEUR

L'auteure et professeure Martha Beck a beaucoup écrit sur le discours intérieur. Voici un de ces articles qui parle des bénéfices de taire les voix négatives qui nous accablent.

http://www.oprah.com/spirit/how-to-believe-in-yourself-stop-negative-thinking

SE VOUER TOUT ENTIER À SOI-MÊME

Dans un de ses TedX talk appelé *la personne que tu dois marier,* l'auteure Tracy McMillan traite de l'importance de s'accepter tel que nous sommes et de nous aimer ainsi. L'amour propre, ce n'est pas se dire *oh, tu n'aurais pas dû faire cela, je pourrais t'aimer autrement. Si tu n'avais pas commis cette erreur, je pourrais t'aimer.* L'amour propre est inconditionnel, il s'engage à t'accepter en entier. T'accepter comme tu es, ta personne entière, à tout moment.

https://www.youtube.com/watch?v=P3fIZuW9P_M

LES PERSONNES ULTRA SENSIBLES ET LEUR DISCOURS INTÉRIEUR

Les personnes ultra sensibles ont la capacité d'entendre des messages très discrets. Ma sensibilité me parle constamment. J'obtiens des informations sur les personnes, les endroits et les situations qui croisent mon chemin. Ces informations peuvent rapidement devenir chaotiques quand je suis entourée de personnes anxieuses, en colère ou apeurées. D'autre part, je peux ressentir une telle joie lorsque je suis en compagnie de quelqu'un qui est calme et heureux. Elaine Aron a écrit plusieurs livres éclairants sur les personnes ultra sensibles. Ils sont une mine d'or pour l'information scientifique concernant le sujet en plus de donner de bons conseils sur les façons de vivre avec ce trop-plein d'informations.

LE DISCOURS INTÉRIEUR ET LA CRÉATIVITÉ

Des recherches ont démontrées qu'il existe un lien très fort entre la créativité et le discours intérieur. En somme, lorsqu'un discours intérieur est négatif, il empêche la pensée créative de prendre de l'expansion. Si tu te rabaisses sans cesse ou que tu ne crois pas en toi, ton esprit a beaucoup moins d'énergie à mettre dans la recherche créative, dans l'invention ou dans l'imagination. Ceux qui transforment leurs messages négatifs en messages constructifs qui les mettent sur un piédestal sont plus aptes à être inspirés; ou à inspirer les autres. Eric Maisel est un psychologue qui se concentre sur la créativité. Il écrit dans son livre *Coaching the Artist Within* qu'un discours dégradant peut empêcher la créativité. Il suggère de remplacer le discours suivant: *je ne peux pas le faire* ou *c'est beaucoup trop difficile* par des affirmations pleines de lumière comme : *je suis prêt* ou *j'en suis capable, j'ai du courage.*

LE DISCOURS INTÉRIEUR ET LE BONHEUR

Dans son livre *The Happiness Track,* Emma Seppala, de l'université de Stanford, soutient que transformer son discours intérieur critique en un discours d'amour propre peut changer une vie. « Des recherches démontrent que se critiquer soi-même est, en d'autres mots, de l'auto-sabotage. À l'inverse, avoir de la compassion pour soi, être à l'écoute de son corps et de son esprit n'apporte que de bonnes choses; de la résilience, de la productivité et du bien-être. » Voici son Ted talk :

https://www.youtube.com/watch?v=Uvli7NBUfY4

PLUS SUR TROUVER SA VOIX INTÉRIEURE

Se créer un super héros intérieur afin de traverser des épreuves difficiles ou de faire à ses peurs est un moyen que plusieurs ont adopté. Alors que Jane McGonigal souffrait d'une commotion cérébrale majeure, elle s'est créé un super héros intérieur qui l'aidait à gérer les conséquences émotives de sa convalescence. Son livre s'intitule : *Superbetter : A revolutionary approach to better, stronger, happier, braver and more resilient.*

LE DISCOURS INTÉRIEUR POSITIF ET LA SANTÉ

Un discours intérieur négatif peut réellement faire de l'ombre sur ton bien-être et ta santé, alors qu'un discours positif te soutient dans ton chemin vers la santé, la paix et le calme. La clinique Mayo promouvoit que le positivisme avantage une meilleure santé, voire une vie plus longue

(l'avantage ultime!), moins de stress et de meilleures

conditions physiques et émotionnelles.

Sur l'auteure

Maryse Cardin est une auteure, professeure à l'université, spécialiste en communications, formatrice et conférencière. Elle se voue toute entière à se parler avec amour; à son discours intérieur rempli de compassion, de gentillesse et d'entraide. Sa passion de propager le positivisme vient de son grand désir que les vies de tous soient aimantes, en santé, calmes, heureuses et complètes. Pour plusieurs, le discours intérieur est le chemin vers la guérison et la transformation personnelle. Apprends à connaitre Maryse davantage : www.selftalklove.com et sur www.facebook.com/selftalklove.

Les remerciements

Il y a tellement de personnes merveilleuses et généreuses qui m'ont accompagnée dans l'aventure de ce livre.

- Commençons par le commencement, un remerciement plein d'amour à maman et papa pour m'avoir donné la plus belle aventure qui soit: ma vie.

- À tous mes étudiants, à ceux qui ont participé à mes ateliers et à mes lecteurs. Je vous remercie pour votre confiance.

- Je remercie également toutes les femmes qui parsèment ce livre. Les histoires que vous m'avez partagées m'ont inspirée à continuer.

- J'en dois beaucoup à mes professeurs. Que je sois allée à leurs ateliers ou que j'aie travaillé avec eux. Merci Gail Larsen, Rachelle Lamb, Kim Wall, Sandra Wallin, Hoben, et Tony Robbins. J'ai l'intention de faire fructifier vos contributions.

- Mon mari Robert me soutient avec amour et patience dans tous mes projets. Pour une infinité de raisons, je suis choyée de partager ma vie avec lui.

- Ma fille Eloise m'encourage avec enthousiasme et m'inspire comme elle seule sait si bien le faire. Sa présence m'ouvre à l'amour chaque jour. Merci ma belle Eloise!

- Mary merci de m'avoir donné le coup de coude qui m'a lancé sur l'écriture de ce livre.

- Avital, tu es une graphiste hors pair. J'ai de la chance que tu aies créé une si jolie page couverture. Merci!

- Merci, merci, merci Lucy d'avoir apporté à ce livre ton talent, ton humour et tes connaissances en édition. Sans toi, ce livre n'existerait pas.

- Mégane, tu saisis si bien la danse des mots. Tu es géniale. Merci pour cette si belle traduction!

- Martine, mon amie depuis toujours, merci d'apporter à ce livre ton amour pour tout ce qui touche la transformation personnelle.

- Merci Manon pour tes réflexions touchantes et tes talents de relectrice.

- Adèle, tu m'as encouragée, et tu as partagé tes idées avec moi dès le début de cette aventure. Merci!